स्वाधीनता, प्यार

शान्दोर पैतोफ़ी की कविताएँ

स्वाधीनता, प्यार

शान्दोर पैतोफ़ी की कविताएँ

सम्पादन

मारगित कोवैश

गिरधर राठी

राजकमल प्रकाशन

Petőfi Kulturális Ügynökség
Liszt Institute Hungarian Cultural Centre Delhi

"Jelen mű kiadása a Petőfi Literary Fund magyar irodalmat népszerűsítő célkitűzése szerinti együttműttműködés keretén belül valósult meg."

"The publication of this work was carried out within the framework of the cooperation according to the objective of the Petőfi Literary Fund promoting Hungarian literature."

"पैतोफ़ी साहित्य निधि" का लक्ष्य हंगारी साहित्य का प्रचार-प्रसार करना है; उसी के अनुरूप निर्धारित मानदंडों के अंतर्गत इस कृति का प्रकाशन किया गया है।

ISBN : 978-93-95737-20-3

मूल्य : ₹395

पहला संस्करण : 2022

प्रकाशक : राजकमल प्रकाशन प्रा.लि.
1-बी, नेताजी सुभाष मार्ग, दरियागंज
नई दिल्ली-110 002

शाखाएँ : अशोक राजपथ, साइंस कॉलेज के सामने, पटना-800 006
पहली मंजिल, दरबारी बिल्डिंग, महात्मा गांधी मार्ग, प्रयागराज-211 001

वेबसाइट : www.rajkamalprakashan.com
ई-मेल : info@rajkamalprakashan.com

मुद्रक : बी.के. ऑफसेट
नवीन शाहदरा, दिल्ली-110 032

आवरण चित्र : एलिज़ाबेथ ब्रुन्नर : हंगरी कवि शान्दोर पैतोफ़ी का चित्र; 1936, जापान (कैनवास पर तैल चित्र, 12"×16")

SWADHINATA, PYAR : SÁNDOR PETŐFI KI KAVITAYEIN
Hungarian Poetry by Sándor Petőfi
Edited by Margit Köves, Girdhar Rathi

धन्यवाद!

We are grateful to the Petőfi Literary Foundation for providing the funding for the publication and translation of the book.

We are also grateful to a number of institutions and private persons for giving help and material for *Petőfi Sándor, Válogatott versek:* Liszt Institute Hungarian Cultural Centre, New Delhi, and the director Dr. Mariann Erdő, Zempléni Múzeum, Szerencs and its director Judit Majoros, János Háy, Dr. Mária Négyesi and Dr. Ágnes Pap.

क्रम

स्वाधीनता, प्यार, प्रकृति

पूर्वी यूरोप में कवि की भूमिका हमेशा ही बुद्धिजीवी की नहीं, कुछ उससे बढ़कर रही है। जैसे कि वोरोश्मॉर्ती का उदाहरण लें—उनको राष्ट्र का यह दायित्व 'सौंपा' गया था कि राष्ट्र के अतीत की पुनर्रचना वे महाकाव्यों के ज़रिये करें। *ज़ॉलान की उड़ान* राष्ट्र के बेहतर भविष्य का आह्वान करता है, और जब 1849 में 'स्वाधीनता संग्राम की विफलता' हाथ लगी, तब मानो उस 'मिशन' की वैधता उस कथा-प्रवक्ता के लिए समाप्त हो गई। लेकिन बाह्य प्रत्याशाएँ और आन्तरिक दबाव एक बेहतर संसार के लिए सन्नद्ध होने के लिए उकसाता ही है। वहाँ आठ चौपदे दो भागों में बँटे हैं। एक भाग कवि ने सामयिक प्रासंगिक ऐतिहासिक घटनाओं पर केन्द्रित किया है।

कवि का 'मिशन' पूर्वी यूरोप के हमारे इस बाग़ में कितनी महत्त्वपूर्ण भूमिका निभाता रहा है यह देखा जा सकता है : रूसी पुश्किन, पोलिश मिकिएविच, बुलगारी इवान वाज़ोव, और हंगारी कविता में मिहाइ वोरोश्मॉर्ती के बाद शान्दोर पैतोफ़ी का भी जनता की वैसी ही उम्मीदों से सामना हुआ।

पैतोफ़ी को हंगारी साहित्य का 'क्रान्ति का धूमकेतु' कहा गया है। सचमुच ही अप्रत्याशित ढंग से उनकी प्रतिभा का विस्फोट हुआ, और राजनैतिक घटनाक्रम में उनके कृतित्व और मौलिक अवदान ने एक अनुयायी-वृत्त उनके चारों तरफ़ खड़ा कर दिया।

शान्दोर पैतोफ़ी (हंगारी शैली में लिखें तो पैतोफ़ी शान्दोर) सम्भवत: 1 जनवरी, 1823 को जन्मे, और 31 जुलाई, 1849 को युद्धस्थल में शहीद हुए। हंगारी राज्य (आस्ट्रिया साम्राज्य) के गाँव किशकोरोश में उनके जन्म का, लैटिन प्रमाण-पत्र में नाम था अलेक्ज़ाँदेर पैत्रोविच। पिता सर्बिया के थे—गाँव में उनका पेशा क़साई का था और वे एक सराय भी चलाते थे। मारिऑ ह्रूज शान्दोर की माँ थी।

पैतोफ़ी की पहली प्रकाशित कविता 'वाइन पीनेवाला' (1842) एक गीत था जिसमें शराब का गुणगान था—उससे तकलीफ़ें दूर होती हैं। रोज़मर्रा की स्थितियों पर ऐसे 'लोकप्रिय परिस्थिति गीत' लिखने का उन दिनों चलन था। एक तरह से इन्हें 'नक़ली' लोकगीत कहा जा सकता है, लेकिन जल्दी ही पैतोफ़ी की मौलिक और ताज़गी-भरी आवाज़ सामने आ गई। शराब, प्रेम, रोमांटिक डाकुओं आदि पर

उन्होंने अनेक लोकगीत जैसे गीत लिखे। आरम्भिक कविताओं को अक्सर कुछ भूमिकाओं या पात्रों के लिए लिखित गीत माना गया, क्योंकि उन्होंने अनेक तरह की स्थितियों और स्वरों को सँजोया था। लेकिन अब जो व्याख्याएँ सामने आ रही हैं उनमें इस तथ्य का इशारा है कि गेय कविता को वास्तव में एक तरह से 'भूमिका-निर्वाहक' के तौर पर आँका जा सकता है। अत: 'भूमिका-कविता' का जो तमग़ा ख़ास तौर से पैतोफ़ी के लिए बनाया गया, वह व्यर्थ है।

अनेक भूमिकाओं को स्वर देते हुए, पैतोफ़ी ने ख़ुद अपना एक सुगठित 'पर्सोना' (मुखौटा) रच लिया था : फ़क्कड़, एकाकी पुरुष जो शराब का शौक़ीन है, तमाम बाधाओं-सीमाओं से नफ़रत करता है, और जो अनुभव करता है वह बहुत सिद्दत से। पैतोफ़ी से पहले की पीढ़ी लोकगीतों को भी सम्भ्रान्त बनाना चाहने लगी थी। लेकिन पैतोफ़ी के आगमन ने 'क्लासिक' कृतियों की धुली-मँजी भाषा और रोमांटिक कवियों की अतिरेक-प्रधान उड़ान के ख़िलाफ़ हवा बहा दी।

लोककाव्य तथा उन्नीसवीं सदी के 'पापुलिज़्म' (लोक-लुभावन नीतियाँ या वातावरण) का प्रभाव पैतोफ़ी पर बहुत है, लेकिन दूसरे प्रभाव-स्रोत भी हैं। तत्कालीन पंचांग-कविता ('अलमैनाक' कविता जो ऐतिहासिक तिथियों को केन्द्र में रखती है) का उन्होंने नए ढंग से उपयोग किया। अपने समय के बड़े रचनाकारों का उन्हें अच्छा ज्ञान था, जैसे पर्सी बिशी शेली, पियर जाँ द बेरांज़े, और हाइनरिख़ हाइन।

पैतोफ़ी की कविता में ये ख़ूबियाँ तुरन्त लक्षित की जा सकती हैं—दैनन्दिन भाषा, सुदृढ़ स्वर, तात्कालिकता, हर परिस्थिति में भूमिकाएँ, लय, और सादगी। इस संग्रह में पैतोफ़ी के गीतों की, जिन्हें वह 'लोकगीत' कहना पसन्द करते थे, प्रचुर मात्रा है। आम तौर पर हम लोकगीत उसे कहते हैं जो हमें पीढ़ी-दर-पीढ़ी, मौखिक ढंग से सुनने को मिलता है; जिनके रचयिता अज्ञात कुलशील के अक्सर गाँवों के लोग होते हैं। पर उन्नीसवीं सदी में कई कवियों ने भी हंगरी में लोकगीत लिखे, छपवाए, और उनका संग्रह भी घूम-घूमकर किया। पैतोफ़ी ने इन दोनों परम्पराओं को एकमेक-सा कर दिया—उनके गीत छपे भी, और उसी तरह गाये-बजाये-सुनाए जाते थे जैसे 'पारम्परिक' लोकगीत! "ख़ाली हो चुकी सुराही, वाइन डालो", 'मैं रसोई में गया", आदि अनेक गीत बेहद लोकप्रिय थे। इनमें कवि प्रथम पुरुष में, मैं कहकर विभिन्न स्थितियों में भूमिका निभा रहा है। 'प्रेम-प्रेम' एक ऐसा गीत है जो अनुत्तरित अधूरे प्रेम से निकल कवि को मौत के दरवाज़े पहुँचा देता है।

विभिन्न गीतों में विभिन्न प्रकार की युक्तियाँ अपनाई गई हैं। जैसे परस्पर विपरीत या तुलनात्मक बिम्बों-प्रतीकों के माध्यम से उत्कट प्रेमोद्गार प्रकट करना। पाठक स्वयं इनके विश्लेषण से आनन्द उठा सकते हैं।

पैतोफ़ी ने भूदृश्य को आधार बनाकर 1844-45 में अनेक कविताएँ लिखीं। रोमांटिक कवियों ने दिखाया था कि भूदृश्य और प्रकृति के माध्यम से वे अपनी

अनुभूतियाँ एवं मनोदशाएँ चित्रित कर सकते हैं। वड्र्सवर्थ की कविताएँ, उदाहरण के लिए 'टिंटर्न एबे'। पैतोफ़ी ने 'समतल प्रदेश' में हंगारी के सपाट विस्तृत पुश्ता की तुलना कार्पेथियन पर्वतों से करके जतलाया है कि यह सपाट मैदान अधिक सुन्दर है, जहाँ उसकी आत्मा उक़ाब पक्षी की तरह आज़ाद हो जाती है।

जून 1848 में पुन: समतल प्रदेश की चर्चा 'मेरी जन्मभूमि पर' कविता में है—कवि उन दिनों क्रान्तिकारी संसद की सदस्यता के चुनाव अभियान में लगा था, पर विफल रहा।

हंगारी चित्रकार कारोय मॉर्को के कृतित्व के समान्तर पैतोफ़ी की ऐसी चित्रोपम कविताएँ या भूदृश्य कविताएँ रखी जा सकती हैं।

'योजना जो धुआँ हो गई' कविता कवि की अपनी माँ के लिए लिखी गई। 1844 में यह एक अनोखी, नई दिशा थी। उन्होंने कविता में परिवार को प्रविष्ट कराया—पारिवारिक कविता। अपने अनेक परिजनों के बारे में वह अन्तरंगता से लिख गए हैं। 'कहीं दूर से' कविता में भी, कवि बताता है कि अगर माँ को पता चला कि मैं कितनी कठिन स्थितियों में हूँ, तो वह बहुत दुखी होगी। इस कविता का उनके जीवनचक्र से सम्बन्ध है, सीधा और ठोस। कवि सेना में भर्ती हो गया, क्योंकि वह अपनी स्कूल फ़ीस नहीं चुका पा रहा था; पिता का अच्छा व्यवसाय दिवालिया हो गया था।

1842 में कवि एक घुमन्तू नाट्यमंडली में अभिनय करने लगा था। 1842 में ही कवि ने दैब्रैत्सैन से पैश्त तक 250 किलोमीटर से अधिक की पैदल यात्रा की। उद्देश्य था पैश्त में वोरोश्मॉर्ती से भेंट करना। उस विख्यात कवि से प्रशंसित उनकी कविता सबसे प्रसिद्ध पत्रिका 'ऑथेनैउम' में छपने लगी। 'पैश्ती दिवात' (पैश्त फ़ैशन) पत्रिका में पैतोफ़ी को इमरै वॉहोत के सहायक सम्पादक का पद—और इस तरह नियमित कमाई का ज़रिया—बोरोश्मॉर्ती की सिफ़ारिश से मिल गया।

अपने माँ-बाप से मिलकर, उनको यह सुसमाचार देने की कवि को बड़ी उत्कंठा थी। 'एक शाम घर पर' भी इसी तरह की पारिवार-कविता है, जिसमें ईमानदारी से पिता के बारे में कवि ने अपनी राय और भावनाएँ प्रकट की हैं। माँ के लिए अटूट प्यार भी। इसी तरह की तीसरी कविता 'अपने भाई इश्तवान से' भी इस सिलसिले में द्रष्टव्य है। 1838 में हंगरी में भयानक बाढ़ आई थी, उसी दौरान पिता का धन्धा डूब गया था। उन सबकी छाया यहाँ है।

पैतोफ़ी के समकालीनों को यह नापसन्द था कि पैतोफ़ी पारिवारिक प्रसंगों को कविता में ला रहे थे, जबकि इससे पहले तक केवल ग्राम गीतों, लोकगीतों में ऐसा किया जाता था। इसके जवाब में पैतोफ़ी ने लिखा था—

"मैं नहीं मानता कि कविता कोई लक़-दक़ 'सैलोन' है जहाँ आप केवल बेशक़ीमती पोशाक, चमकदार जूते पहनकर प्रवेश पा सकते हैं; बल्कि मुझे वह

एक चर्च जैसी जगह लगती है जहाँ कोई भी मामूली जूतों में, यहाँ तक कि नंगे पैर भी घुस सकता है।"

कविता 'हुनर, मेरे पिता का और मेरा' भी जतलाती है कि पिता और पुत्र के विचारों, विश्वासों, आकांक्षाओं में कितना फ़र्क़ था। कवि पिता की तरह क़साई नहीं बनना चाहता था, पर अजीब-सी समानता दोनों के पेशों में, विडम्बना की तरह, नज़र आ जाती है।

पैतोफ़ी की नाटकीय कविताएँ भी कम नहीं हैं। 1839, 1841 और फिर बाद में अभिनय के लिए ही मानो कई कविताएँ रची गई हैं। 'जैसे को तैसा', 'चोकोनॉइ', 'स्याही की बोतल' आदि मनोरंजक ड्रामाई एकालाप-से हैं जिन्हें मंचित किया गया होगा। अभिनेता के लिए पैतोफ़ी की ओर से नैतिकता का आग्रह भी उल्लेख्य है—जो कहते हो, उसे अपने (कु) कृत्यों से झुठला मत देना!

1845-47 के दौरान पैतोफ़ी ने गीत, कविताएँ, नाटक, यात्रा-वृत्त आदि कई विधाओं में लिखा। 'बादल' शीर्षक तीन-चार माह के भीतर लिखित, जिनमें पैतोफ़ी का आन्तरिक रचनात्मक ऊहापोह या संकट भी झलकता है। ये रचनाएँ सॉल्कसैन्तमार्तोन में प्रवास के दौरान लिखी गई थीं—संक्षिप्त, सूक्तियों जैसी भी। लेकिन सूक्ति की तरह अन्त में कोई नैतिक पाठ या उपदेश नहीं दिया गया। वे कवि के 'सेल्फ़' पर, स्व या आत्म पर प्रकाश डालती हैं जहाँ भावनात्मक दबाव-तनाव और चिन्ताएँ उथल-पुथल मचा रही हैं। इसी कारण कई कविताएँ खंडित-सी लगती हैं। इन कविताओं में कवि वैयक्तिकता की और गेय या लिरिकल व्यक्तित्व की अभिव्यक्ति की तलाश करता दीखता है।

यहाँ ली गई 'बादल' कविता उस पूरी काव्य-शृंखला की प्रकृति तथा सार को व्यक्त करती है। यह शृंखला के अन्त के समय लिखी गई थी। यह बादलों से अपनी शख़्सियत का, स्वभाव का, उन्मुक्तता का साम्य, आसन्न संकटों का आभास और बादल तथा ख़ुद के भीतर, दोनों के भीतर एक और साम्य का—'जैसे मेरी आँखों में भी है—आँसू और बिजली'—यह संयोजन सोचने को बहुत कुछ देता है।

इसी शृंखला की 'दुख क्या है? एक विशाल समन्दर' सुख की कामना लिए हुए है। जीवन का मूल्य, मस्तिष्क में छाया अन्धकार वीरानगी की त्रासदी आदि के विभिन्न चित्र हैं।

इसी शृंखला में 'सपना' कविता की अन्तिम दो पंक्तियाँ बहुत ही बहुमूल्य साबित हुई हैं। "मैं सपने में ग़ुलाम क़ौमों की बेड़ियों को तोड़ता हूँ!"

1845-46 के आन्तरिक संकट से एक नई काव्यात्मकता, नई आवाज़ ने, 'बादल' कविता-चक्र के बाद, जन्म लिया। सार्वभौमिक आज़ादी—दुनिया-भर के समाजों में, राजनैतिक व्यवस्थाओं में हासिल करने का संकल्प। आज़ाद दुनिया

और आदर्श प्रेम—ये दो बड़े सरोकार प्रबल हुए। प्रकृति इनका आईना भी है। ये तीनों विषय एक-दूसरे से जुड़े हैं।

15 मार्च, 1847 को—पैश्त में मार्च क्रान्ति से एक साल पहले—पैतोफ़ी का समग्र साहित्य छपा, जिसकी धुरी थी यह कविता—'स्वाधीनता, प्यार!'। पैतोफ़ी की कविता में अस्तित्व के सर्वोच्च स्तर पर, सर्वतोमुखी सुख पाने का औज़ार है आज़ादी। आज़ादी की इस अवधारणा के विभिन्न पक्ष पाठक उनकी प्रेम कविता, क्रान्तिकारी कविता, और भूदृश्य कविता, तीनों तरह की कविता में देख सकते हैं।

'झाड़ी काँप रही है' यूलिऑ सैन्द्रैई के लिए लिखी गई थी। सितम्बर 1846 में भेंट के बाद सितम्बर 1847 में उनकी शादी हुई, पिता के विरोध के बावजूद। पत्नी के लिए अनेक प्रेम कविताएँ हैं जो इन्दु मज़लदान के अनुवादों में यहाँ हैं। 'सितम्बर के अन्त में' कविता कोल्तो नामक स्थान में, उनके हनीमून के दौरान लिखी गई। काउंटतैलैकी के भव्य राजमहल में रहते हुए। 'तुझे किस नाम से पुकारूँ' भी बेहद लोकप्रिय कविता है। यूलिऑ एक अत्यन्त स्वाधीन-चित्त स्त्री और कवि थी। हाल ही में उनकी कविताएँ और डायरी छपी हैं।

हनीमून के फ़ौरन बाद वे जाकर विख्यात कवि यानोश आरन्य (1817-1882) और उनकी पत्नी यूलियॉनॉ से मिले थे। आरन्य की महाकृति 'तोल्दी' के प्रकाशन पर 1847 में पैतोफ़ी ने उनको लिखा था—'अभिवादन आपका'। आज मैंने 'तोल्दी' पढ़ी और अपनी एक कविता यह लिखी। यह 'एलैतकेपैक' में छपेगी पर मैं वह विस्मय, सुख, उत्कंठा आप तक पहुँचाना चाहता हूँ जो आपकी रचना ने मुझमें जगाई है। लोक कविता सच्ची कविता है। इसका बोलबाला हो, इसके लिए हमें सभी कुछ करना होगा। अगर काव्य पर अवाम का अधिकार होगा तो वे राजनीति में भी राज करने के बहुत क़रीब जा पहुँचेंगे, और इस सदी का यही दायित्व है, इसके लिए जूझना उन सभी भद्र जनों का ध्येय होना चाहिए जो यह देख-देखकर आजिज़ आ चुके हैं कि किस तरह कुछ हज़ार लोग ऐश करते फिरते हैं। अवाम को हासिल हो स्वर्ग, रईसी को नरक। अगर आलस न आए तो मुझे लिखिए, कुछ भी, सबकुछ, कि आपकी उम्र क्या है, आपकी शादी हो चुकी या क्वाँरे हैं, गोरे हैं या ब्राउन, लम्बे-ऊँचे या नाटे...अलविदा। आपका सच्चा दोस्त, पैतोफ़ी शान्दोर।

जल्द ही वह जाकर मिले, और आरन्य के अब तक दो बच्चे हो चुके थे—यूलियॉनॉ एवं लॉत्सी। सॉलोन्ता में निवास के एक दौर में पैतोफ़ी ने आरन्य के बेटे के लिए ही, 'आरन्य लॉत्सी के लिए' कविता लिखी थी। हंगरी में बाल-साहित्य में इसकी बहुत क़द्र है। जब पैतोफ़ी का अपना बेटा ज़ोल्तान दिसम्बर 1848 में जन्मा, तो आरन्य तथा उनकी पत्नी को उस बच्चे का गॉड पैरेंट्स (धर्म-पिता-माँ) बनने का आग्रह पैतोफ़ी ने किया।

पैतोफ़ी की कविताओं के साथ-साथ उक्त पत्र से भी साफ़ है कि व्यक्ति की स्वतंत्रता तभी मुमकिन है जब दुनिया-भर में आज़ादी का साम्राज्य हो। पैतोफ़ी की क्रान्तिकारी कविता का यह विशेष गुण या लक्षण है। 'उन्नीसवीं सदी के कवि' में समकालीनों को सम्बोधित कर पैतोफ़ी कह रहे हैं कि कवियो, निरे निजी सुख-दुख का रोना कविता का एकमात्र सरोकार नहीं हो सकता। इसके लिए ओल्ड टेस्टामेंट के हज़रत मूसा और उनके अनुयायियों का सहारा लेकर, देश-आज़ादी-धन-वैभव पर प्रत्येक व्यक्ति का अधिकार जतानेवाली उनकी ललकार बहुत स्पष्ट है।

'एक विचार मुझे विचलित करता है' ऐसी कविता है जो ऐयाशी-आराम की मौत के बरक्स आज़ादी के लिए लड़ते हुए मौत का वरण करती है। कवि स्वयं अपनी कथनी का हूबहू अनुसरण करता हुआ, हंगरी को आस्ट्रियाई साम्राज्य से मुक्त कराने के लिए, युद्ध के मैदान में जा पहुँचता है। आज तक उनके शव का ठीक-ठीक पता भी नहीं लग सका।

कवि तब केवल 26-27 साल का था।

पैतोफ़ी की 200वीं जयंती पर उनकी 43 कविताओं का अनुवाद और प्रकाशन करने का अवसर हमें मिला है। इसके पहले 'एक सागर जाग उठा' शीर्षक से पैतोफ़ी की 34 कविताओं का अनुवाद उनकी 160वीं जयंती पर, 1983 में हंगरी संस्कृति केन्द्र नई दिल्ली ने प्रकाशित किया था। वह अनुवाद पत्रकार (स्व.) भँवर सुराणा (दैनिक हिन्दुस्तान) ने पैतोफ़ी के अंग्रेज़ी अनुवाद से किया था।

प्रस्तुत 'स्वाधीनता, प्यार' की कुछेक कविताओं का अनुवाद हंगरी भाषा के छात्र-छात्राएँ विभिन्न अवसरों पर करते रहे हैं, जिनको पुन: मूल से मिलाकर संशोधित किया गया है। कवि यानोश हाय और संगीतकार तॉमाश रोज़ 9 से 22 अक्टूबर 2022 के बीच, इस संग्रह में से नौ कविताएँ मंच पर प्रस्तुत कर रहे हैं—दिल्ली, मुंबई, केरल में। इन कविताओं के अलावा प्रमोद नांगिया, गौतम कश्यम और अनिल जनविजय ने भी पैतोफ़ी की कुछ कविताएँ हिन्दी अनुवाद में प्रकाशित की थीं।

—मारगित कोवैश

विश्व कविता का एक किरदार पैतोफ़ी

दो सौ बरस पहले एक कवि ने जन्म लिया था, जिसे हंगारी लोग कवि का परम रूप मानते हैं। बचपन में जब मैंने अपने माँ-बाप और दादा-दादी से कहा था कि मैं एक कवि बनना चाहता हूँ तो वे हँस दिए थे। हमारा ख़ानदान सदियों से ग़रीब किसान रहा है। परिवार में कभी कोई एक अध्यापक तक नहीं हुआ था। किसान हो तो किसान ही बनोगे—यही मेरे माँ-बाप ने सोचा और हँस पड़े, लेकिन कुछ बच्चे झक्की होते हैं; उन्होंने सोचा जैसे बड़े होने पर छोटे कपड़े छूट जाते हैं, वैसे ही यह बच्चा इस सनक पर पार पा लेगा। पर मैं तो अड़ा हुआ था, सो आख़िर में उन्होंने बताया कि एक कवि तो मौजूद है—पैतोफ़ी! हंगरी में पैतोफ़ी शब्द का अर्थ है कवि, और कवि का व्यवसाय। माँ, बापू, खाना और पानी जैसे शब्दों के बाद बालक सबसे पहले जो शब्द सीखता है, वह है पैतोफ़ी। हम उसकी चर्चा करते हैं, उसकी कविताएँ गाते-सुनाते हैं, उसके जीवन और कृतित्व का अध्ययन करते हैं, उसका गुणगान करते हैं। और आज तो पहले से भी अधिक, उसके जन्म की दो-सौवीं साल गिरह पर, जगह-जगह नाटक, संगीत सम्मेलन, शैक्षिक कार्यक्रम हो रहे हैं; इनको देश की सरकार का सहयोग-समर्थन हासिल है; आम लोग उत्साहपूर्वक उन में शरीक होते हैं : क्योंकि पैतोफ़ी पर हर-एक हंगेरियाई का हक़ है।

मगर भारत में उसकी चर्चा किसलिए? मैं एक जीवित हंगारी कवि, जिसे भारत में कोई पहचानता तक नहीं, क्यों एक मृत कवि की चर्चा करूँ जिसे भारत में यों भी कोई नहीं जानता? पैतोफ़ी और मैं, एक अदना-से भाषायी समुदाय के प्रतिनिधि हैं, जबकि भारत की भाषाओं को—ख़ास कर हिन्दी को—बरतनेवाले कई-कई गुना अधिक हैं।

एक संस्था ने जब मुझे यहाँ आने का अवसर प्रदान किया, तब मैंने तय किया कि मेरा व्याख्यान इस पर होना चाहिए कि हंगारी कविता के आदि-पुरुष के प्रिज़्म में, क्या है जो कविता के लिए, और आधुनिक साहित्य के लिए वैश्विक स्तर पर आज भी प्रासंगिक है? यदि हम पैतोफ़ी के व्यक्तित्व और कृतित्व का काव्यपरक ताना-बाना, व्यापक अर्थ में साहित्य-सर्जना के सन्दर्भ में देखें तो साहित्य में रुचि रखनेवाले किसी भी व्यक्ति के लिए वह उद्‌बोधक साबित हो सकता है।

भारत में पैतोफ़ी से जुड़ी इस यात्रा में मेरा साथ देंगे विख्यात संगीतकार एवं नाट्यसंगीत के रचयिता टॉमाश रोज़, जिन्होंने पैतोफ़ी की असंख्य कविताएँ संगीतबद्ध की हैं। इनकी कुछ प्रस्तुतियाँ अंग्रेज़ी और हंगारी के अलावा आप हिन्दी में भी सुन सकेंगे—इसका श्रेय डॉ. मारगित कोवैश, उनके छात्र-छात्राओं और सहयोगी अनुवादक गिरधर राठी को है।

हम जिस ज़माने की चर्चा कर रहे हैं, वह कैसा था? कवि के उस जीवन-काल में दुनिया के काव्य-पटल पर क्या परिदृश्य था? दरअसल, क्या सचमुच कोई परिदृश्य था भी? एक पत्र में पैतोफ़ी ने खेद जताया है कि प्रकाशक कविता नहीं छापते, क्योंकि उनकी दिलचस्पी मुनाफ़े में रहती है और वे धड़ाधड़ हज़ारों प्रतियाँ उपन्यासों की छापते रहते हैं।

यह शिकायत हमें अपने मौजूदा वक़्तों की लगती है, जबकि हम 1830 (अठारह सौ तीस) के दशक की बात कर रहे हैं, जब गद्य की तुलना में कविता बिकनेवाली वस्तु नहीं थी, हालाँकि आलम ये था कि जो भी व्यक्ति कुछ लिखने का हौसला रखता, वह कवि ही बनना चाहता था, गद्य लेखक नहीं! कमाई के लिहाज से कविता भले ही फ़ायदेमन्द न रही हो, लेकिन उस युग में कवि को सिंहासन पर बैठाया जाता था। यह वह युग था जब रोमांटिसिज़्म का लबादा ओढ़ कर आधुनिक कविता ने काव्य के आदर्शरूप (मॉडेल) रचे थे, काव्यात्मकता को परिभाषित किया था। ये मॉडेल आज तक सारी दुनिया में अपनाये जा रहे हैं।

ये वो ज़माना था जब अनेक युग-निर्माता अवतरित हुए थे : रूस में पुश्किन; पोलैंड में मित्स्किएविच; इंग्लैंड में शेली, कीट्स और बायरन; और जर्मनों के बीच गेटे, शिलर, होल्डरलिन...। वे तमाम लोग स्कैंडल (उपद्रव) मचानेवाले, विकट दीवानेपन में डूबे रचनाकार थे; अक्सर वे स्वातंत्र्य-योद्धा भी रहे—संघर्षों में अपने प्राणों की आहुति देनेवाले भी कुछेक लेखक उन में थे। शेली और बायरन अपने कुख्यात प्रेम-प्रसंगों के कारण इंग्लैंड छोड़कर भागे; पुश्किन अपने मान की रक्षा में द्वन्द्व युद्ध करते मारा गया; और बायरन की ही तरह, मेरा नायक पैतोफ़ी भी आज़ादी की लड़ाई में युद्ध भूमि में खेत रहा। उनकी जीवन-गाथाओं से ज़ाहिर है कि वे अपने युग में विख्यात लोकप्रिय सितारे और यश:पुंज 'सेलेब्रिटी' थे; तत्कालीन पत्र-पत्रिकाएँ उनकी इस छवि को निरन्तर, ज़ोर-शोर से जन-मानस में सुदृढ़ करती रहती थीं।

लेकिन आज के निर्जीव कीर्ति-पुतलों (सेलेब्रिटीज़) के बरक्स—और इनके तमाम ठसकबाज़ नखरों के बावजूद—उस युग के कवियों ने आधुनिक कविता की, और आधुनिक साहित्य-भाषा की पुख्ता नींव रखी थी। आज हम उनकी ही भाषा बोलते हैं, उनकी भाषा को हम शब्द कोश की मदद लिए बग़ैर पढ़ पा रहे हैं—क्योंकि वह हमारी मातृ भाषा है : केवल भाषाविज्ञानी अर्थ में नहीं, बल्कि

वास्तव में भावनात्मक स्तर पर। आख़िर वही थे जिन्होंने आधुनिक मानव की बुनियादी समस्याओं को शब्द-बद्ध किया था। मनोवैज्ञानिक अन्तर्दृष्टि वाली सर्वप्रथम महत्त्वपूर्ण रचनाएँ उन्होंने ही हमें दी हैं।

कुछ साल पहले, वारसा (पोलैंड) में कुछ बुद्धिजीवियों और प्रोफ़ेसरों के बीच—जिन में अधिकांश महिलाएँ ही थीं—मैंने ग़ौर किया कि आदम नाम के किसी पुरुष की चर्चा में वे मशग़ूल हैं। हरेक की ज़ुबान पर आदम के लिए कोई न कोई विशेषण था—ख़ूबसूरत, अद्‌भुत लेखक, आवेगपूर्ण मनुष्य और चिन्तक, अपूर्व मेधावी...! वहाँ मैं मौजूद था, बाक़ायदा अपनी क़द-काठी समेत, मगर वे किसी और ही व्यक्ति के क़शीदे काढ़ने में मगन थीं। आख़िर मैंने पूछ ही लिया अपने पास बैठी एक प्राध्यापक से—कौन हैं ये जनाब आदम? उन्होंने सहज ही जवाब दे दिया—आदम मिकिएविच! हालाँकि ज़िक्र उनका यों हो रहा था मानो वे सशरीर हाज़िर हों वहाँ, पर मुझे पता था कि उनको गुज़रे हुए डेढ़ सौ बरस बीत चुके थे...सो मुझे राहत मिली कि चलिए, मैं इन देवियों की आँखों के तारे का प्रतिद्वन्द्वी नहीं हूँ!

जैसा कि इस क़िस्से से ज़ाहिर है, वे कविगण आज भी अपने-अपने देश के आद्य राष्ट्रीय नायक हैं, और इस अर्थ में वे सब एक-दूसरे से मेल खाते हैं। अपने-अपने राष्ट्रों के इतिहास में उन्होंने एक-सी ही भूमिका अदा की थी। वे आज़ादी, प्रेम, स्वाधीनता, और निजी अस्मिता या ख़ुद्‌दारी के पुजारी थे। वे ही थे जिन्होंने पहले-पहल ऐसा जीवन वरण किया जो सामाजिक विधि-निषेधों से मुक्त हो, समान अवसर पर और मानवीय गरिमा के प्रति सम्मान पर आधारित हो।

समस्त क्रान्तिकारी विचारों या संकल्पनाओं की नींव उन्होंने रखी। सारी की सारी, या अधिकांश मुक्त जीवन-शैलियों का मूल उत्स उन में खोजा जा सकता है, क्योंकि वे उपभोक्तावाद का समर्थन कदापि न करते।

पैतोफ़ी की ही एक कविता यहाँ हम संगीत-बद्ध कर पेश कर रहे हैं :

स्वाधीनता, प्यार
ये दोनों ही मेरे लिए ज़रूरी हैं!
प्यार के लिए
क़ुर्बान करता हूँ
अपना जीवन,
स्वाधीनता के लिए
क़ुर्बान करता हूँ
अपना प्यार।

—(1847 में लिखित)

पैतोफ़ी उन्हीं महान कलाकारों में एक है जिसने एक ऐसी गुमनाम-सी भाषा में, जिसे बोलनेवालों की संख्या बहुत कम है, विश्व-स्तर की कविता दी अलबत्ता, फ्रांस के महाकवि विक्टर ह्यूगो की निगाह अचूक थी जिसने उसे कार्त दी यूरोप नामक प्रसिद्ध कविता में सादर शामिल किया। पैतोफ़ी उन लोगों में शुमार हैं जिन्होंने यूरोप का सोचने का रंग-ढंग बदल दिया। वह ऐसा व्यक्ति था जिसका उसके जीवन काल में ही असंख्य भाषाओं में अनुवाद किया गया, और आज भी किया जा रहा है। उन्हीं को श्रेय है कि आज आज़ादी-पसन्द हंगेरियाई क़ौम चर्चा के केन्द्र में आ जाती है, और—किसी हद तक—उनकी भाषा भी। पैतोफ़ी नीत्शे का पसन्दीदा कवि था, जिसने उसकी छह कविताओं को संगीत में ढाला था—आख़िरकार वह जर्मन दार्शनिक नीत्शे ही तो था जिसने आधुनिक मोहभंग को वाणी दी थी, और पैतोफ़ी भी ठीक यही चाहता था : दुनिया का आमूलचूल कायाकल्प; चिरकुटपन यानी बुद्धि-मन्दता को हटाकर उसकी जगह प्रचंड प्रतिभा (जीनियस) की प्रस्थापना, और जीवन का जयकारा!

प्रत्येक नई पीढ़ी, सामान्य जीवन में या कला-जगत में, अपना सिक्का चलाना चाहती है। उसका लक्ष्य होता है पुरानी पीढ़ी से उसकी हुकूमत, उसका अंकुश, उसका निर्णय-तंत्र अपने हाथों में लेना। और पुरानी पीढ़ी अपनी सत्ता से चाहे जितना चिपटे, परिवर्तन अपरिहार्य है। पुराने वक़्तों में शायद छल-बल-कौशल से बाज़ी जीती जाती थी, पर आधुनिक युग में ज्ञान विजयी होता है। दुनिया का टेक्नॉलॉजी से कायाकल्प इस तेज़ रफ़्तार से हो रहा है कि एक ख़ास उम्र के बाद, व्यक्ति समझ ही नहीं पाता कि हो क्या रहा है। हम किसी हिकमत या उपकरण में महारत हासिल करें तब तक वह ग़ायब ही हो जाती है। दूसरी ओर कला जगत में नये का मक़सद होता है नयेपन को सर्वमान्य या वैध अभिव्यक्ति देना। प्रचलित सर्वमान्य साहित्य-भाषा बासी या असंगत होने लग जाती है, उसका प्रभाव और यथार्थ से रिश्ता ख़त्म हो जाता है। वह शास्त्रबद्ध-शास्त्रनिष्ठ तथा उबाऊ हो जाती है। मुझे याद है, जब मैं युवा था तो यह जान कर विस्मित हो जाता था कि अमुक पुराने लेखक अभी तक ज़िन्दा हैं; मुझे वे मृत ही जान पड़ते थे, क्योंकि कलात्मकता की दृष्टि से वे वास्तव में मृत हो चुके थे। ऐसे मोड़ पर युवजन आगे आते हैं; वे कहते हैं कि हमें एक अधिक अभिव्यक्ति-सक्षम भाषा चाहिए; ऐसी भाषा जो दुनिया के बारे में अधिक प्रामाणिकता से, अधिक विश्वसनीयता से कुछ बता सके। बेशक वे उन पुरोधाओं को गद्दी से नहीं उतारना चाहते। जो लोग पहले आ चुके हैं, उन्हें मिटा देने की कोई ख़्वाहिश नहीं है उन में। बस वे एक ऐसी प्रामाणिक भाषा चाहते हैं जो प्रभुत्वशाली भाषा को चुनौती देने में काम आ सके...अन्तरराष्ट्रीय स्तर का एक दृष्टान्त यहाँ देखें : फ्लॉबेयर की यथार्थपरक भाषा अलेक्ज़ैंडर ड्यूमा की भाषा को, और उसके रोमांटिक नैरेटिव को चुनौती देती है। फ्लॉबेयर से तुलना

करें तो ड्यूमा हास्यास्पद लगते हैं, वस्तुतः उन्नीसवीं सदी की कविता, शास्त्रीयता-उन्मुख उस भाषा के बरख़िलाफ़ नज़र आती है जो मिथकीय सन्दर्भों-प्रसंगों से तथा सांस्कृतिक तोता-रटंत वाले कथनों से भरी पड़ी थी। उस तरह के उच्च-भ्रू हवाईपन, श्रेष्ठता—प्रदर्शन की वास्तव में कोई ज़रूरत नहीं है।

आम तौर पर इस क़िस्म का भाषा-परिवर्तन एक क्रान्ति की तरह होता है, जो भाषा को समाज के हाशिये से उठा कर केन्द्र में ला देता है। यूरोपीय साहित्य में ऐसा परिवर्तन लोक-काव्य ने किया था। पैतोफ़ी ने भाषा का जो नवान्वेषण किया, वह था पारम्परिक यूनानी शास्त्रीयता (क्लासिसिज़्म) का परित्याग। उन्होंने साधारण छन्द और लय पर आधारित कविता रची, एक ऐसी कविता जो ग्रीक या लैटिन क्लासिक ग्रन्थों की बनिस्बत रोज़मर्रा की बोलचाल के अधिक क़रीब थी।

अभिव्यक्ति की यह पद्धति एक क्रान्तिकारी नवोन्मेष या नवाचार था जिस में असंख्य 'मास्टरपीस' लिखे गए। इसी ने पैतोफ़ी को अपनी एक अत्यन्त प्रमुख भूमिका में प्रतिष्ठित कर दिया। वह लोक गीत का कवि हो गया। ये कोई आसान भूमिका नहीं है, क्योंकि लोक काव्य का आधार है स्वाभाविक बोलचाल की भाषा। कोई भी लोक-गीतकार अपने जीवन में एक या दो बार ही कोई गीत रच पाता है—मसलन, तब, जब वह प्रेम में पड़ा हो—और तभी वह इस अनुभूति को सच्ची नैसर्गिकता से सम्प्रेषित कर पाता है। सरल बिम्ब, सरल सन्देसे, साफ़-सुथरी भावनाएँ। जैसे इस उत्कृष्ट हंगारी लोक गीत में—हरेक पंछी चुनता है एक संगाती,/ मेरा फूल मेरा फूल—तो किस को चुनूँ मैं,/ मेरा फूल मेरा फूल,/ मैं तुझ को चुनता हूँ, तू चुन मुझे,/ मेरा फूल, मेरा फूल।

लोक कवि की भूमिका पैतोफ़ी की नज़र में इतनी अहम थी कि वह बुदॉपैश्त में किसान की वेशभूषा में विचरता था, ताकि अधिक प्रामाणिक दिखाई दे। और उसकी रची हुई कविता सफल साबित हुई, क्योंकि जब 'हंगारी विद्वत समाज' ने लोक गीत इकट्ठा किए तो उस संचय में पैतोफ़ी की दर्जनों कविताएँ आ विराजीं। इन पैतोफ़ी कविताओं को उन दिनों प्रचलित लोक-गानों की धुन पर गाया जाता था, और लोग यह अन्तर नहीं कर पाते थे कि ये किसी (आधुनिक) कवि की रचनाएँ हैं, या कि ग्रामीणों के लिखे-गाये मूल गीत। जैसे यह कविता—मैं रसोई में गया, इसी संग्रह में देखें।

कवि-सुलभ या कवि-परक या काव्यात्मक (पोएटिक) भूमिकाओं के विभिन्न प्रकारों पर बात करने से पहले हमें एक मूल प्रश्न पूछना चाहिए : 'भूमिका' होती क्या है? लिखना शुरू करते समय लेखक को इसका एहसास सर्वप्रथम होना चाहिए : वह जो महसूस कर रहा है, अहमियत उसकी नहीं होती; अहमियत होती

है रचना/पाठ में अभिव्यक्त अनुभूतियों की। इसका सीधा-सा मतलब ये है कि कवि की अपनी भावनाओं और कृति के कर्त्ता के बीच एक दूरी बनाए रखनी चाहिए। कला-सैद्धान्तिकी में यह विरोधाभासी बात जैसी लगती है, क्योंकि कला का पोषण कलाकार के हृदय से होता है; उसका सम्बन्ध-सूत्र बरक़रार रखना ज़रूरी है, और दूरी रखना भी! कवि की 'भूमिका' तभी आकार लेती है जब यह दूरी पैदा की जाए। उसी क्षण उस 'किसी' का जन्म होता है जिसकी आवाज़ कविता में बोल रही होती है। दूसरे शब्दों में, कविता में बोलनेवाले से, कवि के निजी आत्म का पृथक्करण।

इसमें क्या शक है कि हम सभी अपनी-अपनी भूमिकाएँ निभाते रहते हैं : अपने बच्चों के लिए मैं उनका पिता हूँ; दूकान में मैं एक ग्राहक हूँ; माँ के सामने उनका बेटा हूँ; हम कोई डॉक्टर हैं तो कोई अध्यापक, इत्यादि। हरेक चीज़ एक 'भूमिका' है, क्योंकि हम हर जगह एक ही तरह से बोल-बरत नहीं सकते। भूमिका ही कलाकार का बुनियादी औज़ार होती है। लेखक को पता होना चाहिए कि रचना/पाठ के भीतर जो बोल रहा है वह कौन है, और किस मुक़ाम से। उसके व्यक्तित्व का हमें पता रहे, वह दुनिया को क्या और कैसे जानता—देखता है, यह भी। अगर भूमिका हमें या लेखक के लिए अजनबी हुई तो वह सहज ही परिपाटी-बद्ध अथवा दिखावटी हो जाएगी। अगर भूमिका स्वाभाविक न हुई तो हमें उस पर यक़ीन नहीं आएगा। लेकिन अगर भूमिका लेखक के अत्यन्त ही क़रीब की होगी, तो ख़तरा ये है कि तब उसकी अपनी शख़्सियत, अपनी निजी भावनाएँ, हावी हो जाएँगी, और तब पाठक ख़ुद को उस पाठ में पहचान नहीं पाएगा। दरअसल होता ये है कि हरेक साहित्य-कृति में हम लोग ख़ुद अपने बारे में पढ़ना चाहते हैं।...

पैतोफ़ी को मानो इस सबकी जन्मजात पहचान थी, और शुरू से ही उसे भूमिका के चयनकर्ता के रूप में आत्म-विश्वास था। अव्वल तो पैतोफ़ी हंगेरियाई था ही नहीं!—उसके माँ बाप स्लोवाक थे। (पिता सर्बिया के, माँ स्लोवाकिया की।) पहली भूमिका उसकी ये थी कि वह हंगेरियाई बने, जो भाषा सीखी है उस पर महारत हासिल करे, एक ओढ़ी हुई अस्मिता का हीरो बने! उसकी प्रसिद्ध कविता "योजना जो धुआँ हो गई" की ये पंक्तियाँ देखें :

घर आते वक़्त, रास्ते भर
सोचता रहा बस यही मैं :
कैसे करूँगा बात माँ से?
जिन्हें देखा नहीं कई दिनों से।

यहाँ सवाल यह नहीं है कि वह जाकर "मेरी प्यारी माँ" कहे अथवा "मेरी मीठी प्यारी माँ," बल्कि सवाल ये है कि उससे वह स्लोवाक भाषा में बोलेगा, या कि हंगारी (मज्यॉर) भाषा में!

इस पृष्ठभूमि के बाद पूछना ही चाहिए कि पैतोफ़ी वास्तव में था कौन? उसका जन्म काल रहस्य-मंडित है, हरेक असाधारण व्यक्ति की तरह ही। वह 31 दिसम्बर, 1822 को जन्मा था या 1 जनवरी, 1823 को? जन्मस्थान के लिए भी दो शहर अपने अपने दावे ठोंक रहे हैं। पर यह सच है कि वह स्लोवाक परिवार में पैदा हुआ था। उसका पिता एक उद्यमी था जो क़साईख़ाने के अलावा एक पब (दारूख़ाने) का मालिक भी था।

ध्यान रहे कि उस समय हंगरी कोई स्वाधीन देश नहीं था। वह हाब्सबुर्ग साम्राज्य का अंग था। फ़ैसले आस्ट्रियाई साम्राज्य की राजधानी विएना में होते थे। यह साम्राज्य बहुजातीय था—विभिन्न क़ौमें, जातियाँ, राष्ट्रीयताएँ अपना-अपना अलग स्वराज क़ायम करने की सोचने लगी थीं। पैतोफ़ी का परिवार हंगारी (मज्यॉर) क़ौम के बीच रहते हुए, उन्हीं में घुल-मिल जाना चाहता था।

कह सकते हैं कि बालक वह एक अच्छा-ख़ासा, खाते-पीते घर का था। पिता उसे सर्वोत्तम स्कूलों में भेजने में समर्थ थे, ख़र्च जो भी उठाना पड़े। उन्हें यक़ीन था कि बच्चा होनहार है। सो बालक एक बोर्डिंग स्कूल से दूसरे में जाता रहा—जो नहीं रुचा उस स्कूल को तत्काल छोड़ दिया। 15 या 16 वर्ष की उम्र तक ये सिलसिला चला।

उन दिनों अभिनय की क़द्र बेहद थी—1960 के दशक के रॉक म्यूज़िक जैसी। बिना बहुत सीखे भी अभिनय मंडली में जगह मिल जाती थी। पहली कोशिश में पिता ने मनाही करते हुए पिटाई कर दी। मगर साल भर में ही वह एक घुमन्तू नाटक कम्पनी का सदस्य बन गया। उन दिनों नाटकों की कोई स्थायी इमारतें नहीं होती थीं। ये नाटक कंपनियाँ गाँव-गाँव शहर-शहर घूमती रहती थीं। शराबख़ानों में भी नाटक दिखा देतीं; जनता के चंदे पर गुज़र-बसर करतीं।

कविता "अभिनेता का गीत" इसका मुखर आख्यान है (इसी संग्रह में)।

दूसरों का वेश कैसे धारण किया जाता है, पैतोफ़ी ने यहीं पर सीखा। अभिनय पर वह जान देता था, हालाँकि अभिनेता वाली प्रतिभा उसमें नहीं थी। कहते हैं उसकी आवाज़ करख़्त थी, हँसता तो बेडौल दँतौड़ी झिलमिला उठती। जल्द ही इस पेशे को छोड़ वह सेना में भर्ती हो गया। अभी 18 साल का भी नहीं था, पर उम्र पर झूठ के सहारे भर्ती हो गया। सोचा था कि सेना के साथ दुनिया की सैर करेगा, पर बीमार और इसलिए बर्ख़ास्त हो गया। आख़िर फिर से स्कूल जाने लगा। पर अब यह विकल्प भी ज़्यादा नहीं चला। पिता धन्धे में दीवालिया हो गया। सम्पन्न जीवन अब दरिद्र हो गया। ख़ुद किसी तरह स्कूल का ख़र्चा निकालना पड़ा। पैतोफ़ी को ज़िन्दगी से यही बुनियादी शिकायत रही। ग़रीबी उसे भुगतनी पड़ी। पर साधारण जनता की पंक्ति का नहीं होते हुए भी, उस अनुभव ने कमज़ोर, दलित, शोषित, निर्वासित जनों से उसका तादात्म्य करा दिया।

अभी उस दौर तक वह स्लोवाक नाम के साथ पैत्रोविच ही था, 'पैतोफ़ी' नहीं हुआ था। पर उसने हंगारी कवि होना तय किया और कविताओं का लिखना ज़ोर-शोर से जारी रखा। आश्चर्यजनक यह घटना थी कि एक प्रसिद्ध पत्रिका ने उसकी प्रथम रचनाएँ छाप दीं। उन्हीं में एक थी—मधुगान या मदिरा गान (इस संग्रह में है) इसमें कवि ने शराब की ख़ूबियाँ बयान की हैं। ऐसी कई कविताओं में, काव्य-नायक मत्त हो कर स्त्रियों को रिझाता है। यहाँ वह फ़ैशनेबल कलाकार की, बोहेमियन लेखक की भूमिका अपना रहा है। इस भूमिका के कारण ही, उदाहरण के लिए, मेरे पिता ने सोचा कि वह मुझको लेखक तो नहीं ही बनने देंगे—लेखक शराबी या नशेड़ी जो होते हैं! वैसे देखा जाए तो शराबी लेखक, जैसे अमेरिकी कथाकार फ़ॉकनर जब नशे में होते थे तब लिख नहीं पाते थे, क्योंकि वह काम मुमकिन ही नहीं होता। यहीं एक ज़रूरी नुक़्ता सामने आता है—लेखन के लिए एकान्तिक रूप से ध्यान केन्द्रित करना पड़ता है। वह न हो तो अपने लेखन में विफल रहेंगे। ग़ौर करें कि बोदलेअर, मैल्कम लॉरी या सेलीन जैसे नशेड़ी लेखक, निहायत प्रभावशील तो थे पर लिखा उन्होंने कम ही मात्रा में।

लेकिन पैतोफ़ी क्या वास्तव में शराबी अथवा औरतबाज़ था? या कहें, जो स्वत्व या आत्म कविता में उभरता है, उसका वास्तविक जीवन से क्या रिश्ता था? भूमिका का वास्तविकता से क्या नाता रहा? निर्विवाद उत्तर तो नहीं हो सकता, क्योंकि कृति के भीतर 'निज' की व्यक्तिगत सच्चाई की भाषा जाँचने की कोई वस्तुगत कसौटी तो होती नहीं है। कुछ लेखक रचना में अपना स्वत्व ज़्यादा उँड़ेलते हैं तो कुछ दूसरे कम। रोमांटिक रचनाकार का लिखित स्वत्व और उनका वास्तविक स्वत्व मानो एकमेक होता था। आधुनिक कवि, जैसे एलियट या एज़्रा पाउंड अपने निजी 'स्व' को अलग रखने की चेष्टा करते थे। पर इतना तय है कि रचना में प्रकट व्यक्ति ऐन वही नहीं होता जो वास्तविक जीवन में होता है। आत्मकथाओं तक में नहीं। अपना अतीत बयान करते समय हम हमेशा अपने वर्तमान का आधार लेकर चलते हैं। मसलन मैं गणित का अच्छा-ख़ासा छात्र था, पर अब मैं जो हूँ उसका गणित के परीक्षाफल से कोई वास्ता नहीं है। अपनी बात बतलाते हुए हम किसी नुक़्ते पर अधिक ज़ोर देते हैं, किसी पर बहुत कम। चुनांचे सारे नैरेटिव क़िस्से-गल्प (फ़िक्शन) ही होते हैं। हरेक किरदार, ख़ुद हमारा अपना प्रस्तुतीकरण (रिप्रेज़ेंटेशन) एक भूमिका मात्र है।

पैतोफ़ी के मदिरा गीत और आमोद-प्रमोद वाली रचनाएँ इसकी अच्छी मिसालें हैं। हमारा यह कवि प्राय: कभी शराब नहीं पीता था, और स्त्रियों की संगत में वह शरमीले छोकरे की तरह छुई-मुई हो जाता था। लेकिन मार्के की बात ये है कि लोग उन कविताओं पर लट्टू थे; उस ज़माने में उस तरह की कविताओं की धूम थी, और पैतोफ़ी बख़ूबी उस शराबनोश मदमस्त मुखौटे की साकार कल्पना कर लेता

था—ख़ुद अपने भीतर मानो वह नशे में मिलनेवाली स्वाधीनता खोज लेता था। जो भी हो, शराबी के रूप में वह इतना मशहूर हुआ कि जब वह अपने मित्र लेखक मोर योकाइ के घर पहुँचा, तो योकाइ की माँ ने अतिथि कक्ष वाइन की बोतलों से भर दिया—ताकि कवि की प्यास के मारे किसी कविता का जनम ना रुक जाए! और जब पैतोफ़ी ने बताया कि वह नहीं पीता है, तो माँ ने समझा कि अभी हाल में पीना छोड़ा है।

कवि अभी किशोर ही था कि देश भर में प्रसिद्ध हो गया। परस्पर-विरोधी हर तरह की बात उसके बारे में कही जाने लगी—वह एक चिड़चिड़ा सर्वज्ञ है, पर है एक पक्का यारों का यार; सब के आकर्षण का भूखा है मगर शरमाया-सकुचाया रहता है। एक न एक दिन अपने हर दोस्त से लड़ पड़ता है। खरी-खोटी सुनाने में चूकता नहीं; सच्चाई की खोज में दीवाना रहता है। तमाम आत्म-मुग्ध किशोरों की तरह, दंभ है उसे कि दुनिया को बदलकर रख देगा। मगर एक फ़र्क़ तो था—इस दुनिया को बदलने के लिए उसने सचमुच ही कुछ कर दिखाया था।

लोक गीत और मदिरा-पान के गाने वह बेशक लिखता था, मगर मात्र यह भूमिका उसके लिए नाकाफ़ी थी। प्यार के गीत सुनानेवाला आत्म कहाँ है? प्रेरणा के लिए वह कुछ भी कर गुज़रेगा! मगर लेखक और कारीगर में फ़र्क़ है। कारीगर अपना काम जितना अधिक करेगा, उतना ही बेहतर और सरल उसका उत्पाद होता जाएगा। लेकिन कलात्मक सर्जना के लिए एक कारीगर जैसा हुनर या शिल्प काफ़ी नहीं होता। आपको प्रेरणा की ज़रूरत पड़ती है। वह आ सकती है, नहीं भी आ सकती। पैतोफ़ी के सामने भी यही मसला था। वह हर चीज़ आज़माता रहता था। उसे सबसे अधिक जिस चीज़ ने कुरेदा, जीवन-भर, वह था—पर्याप्त सराहना नहीं मिलना, जबकि वह था महत्तम!

दूसरा प्रेरक या संचालक तत्व था प्यार। अपने रचनात्मक जीवन की शुरूआत में उसने प्यार का एक दाँव खेला था। जनश्रुति है कि उसने अपने एक दोस्त की दिवंगत बेटी के लिए अपने भीतर प्रेम-ज्वाला सुलगाने की कोशिश की थी। वह कम उम्र में गुज़र गई थी। पैतोफ़ी इतना प्रमत्त हुआ कि दिवंगत के कमरे में जाकर रहने लगा। हम सभी यह ध्यान रखें कि एक कलाकार के लिए कोई भी क़ीमत बहुत ऊँची नहीं होती। कविता को इस संसार में लाने के लिए वह कुछ भी कर सकता है। लिखने में ही उसकी सार्थकता है, बिना लिखे वह वही नहीं रहता।

पैतोफ़ी का मामला यूँ भी दिलचस्प है कि वह अभी वयस्क भी नहीं हुआ था जब कविता में प्यार का सोता उमड़ पड़ा। प्रेम में उसके यहाँ दो ही पात्र हैं—ख़ुद वह, और ख़ुद प्यार! प्रेम का उसका अभिप्रेत लक्ष्य एक मनोरचना मात्र है। किसी प्रेम-पात्र की बजाय, प्रेम की भावना ही उसे उत्प्रेरित या उत्तेजित करती थी। चुनांचे वह हर किसी के प्यार में पड़ जाता था, बशर्ते उससे कविता निकल आए। इस

आरम्भिक उबाल के बाद कुछ ही बरसों में बहुत सामान्य चीज़ों के सहारे चमत्कारी कविताएँ सामने आ गईं। जैसे, "मैं वृक्ष बन जाऊँगा", या "किसी फूल को मना नहीं कर सकते" (इस संग्रह में भिन्न शीर्षकों से)! या एक वास्तविक प्रेम के बारे में—वस्तुतः पत्नी के प्रति—"तुझे क्या कह कर पुकारूँ।" 25 की आयु में उसने शादी की। मैंने भी 25 साल की उम्र में की थी, लेकिन इसका मतलब ये नहीं है कि सारे कवि, या ख़ास कर हंगारी कवि पच्चीस में ही ब्याह रचाते हैं। कुछ तो कभी नहीं रचाते।

सर्जना के सात वर्षों ने एक समग्र रचना जगत रच डाला। 1844 के वर्ष में उसने इतनी कविताएँ और महाकाव्य रच डाले जितने कि दूसरे कवि जीवन-भर में नहीं लिख पाते। महाकाव्यों का उन दिनों अच्छा चलन था। यही वर्ष था जिस में उसने अपना अमर लोक-महाकाव्य 'यानोश बहादुर' लिखा। (मारिया नेज्यैशी, मारगित कोवैश और गिरधर राठी ने मिलकर यह पुस्तक राजकमल प्रकाशन से 2022 में यानी इसी साल छपवाई है।)

कहते हैं कि उसने यह लम्बी रचना छह दिन और छह रात में लिख डाली—यानी उतने ही वक़्फ़े में, जितने में ईश्वर ने यह ब्रह्मांड रचा! यह अविश्वसनीय-सा दावा सच्चा ही जान पड़ता है, क्योंकि उसके पास समय बहुत ज़्यादा नहीं था। यह खिलंदड़ी-सी कविता एक चरवाहे-गडरिये के बारे में है। भेड़ चराने की बजाय यह यांची एक लड़की इलुश्का के चक्कर में रहता है। घर से खदेड़े जाने पर भटकते-भटकते एक हुस्सार (घुड़सवार सैनिक) बन जाता है, कई देशों से गुज़रकर फ्रांस के राजा को तुर्कों से मुक्त कराता है। राजा अपनी बेटी ब्याहना चाहता है उससे, मगर वह इलुश्का का है। कई अनोखे रोमांचक अनुभवों से गुज़रता, आख़िरक़ार अपनी इलुश्का को परी-लोक में पा लेता है।

इस कथानक में भावनात्मक, दुस्साहिक, आश्चर्यजनक कारनामे हैं, गुदगुदानेवाले प्रसंग भी। हंगरी में हर लड़का यानोश बहादुर होना चाहता है, हर लड़की इलुश्का जैसा ही प्रेम पाना चाहती है। इस रचना ने दर्जनों नृत्य-रूपक, एनीमेशन, फ़िल्म, कठपुतली नाच, नाट्य रूपान्तर उत्प्रेरित कर दिए। मॅज्यार जैसी भाषा के बजाय अगर यह अंग्रेज़ी में लिखी गई होती, तो बॉलीवुड और हॉलीवुड वाले इस पर टूट पड़ते और दुनिया में इसका डंका बज रहा होता।

वॉन गॉग की तरह ही मानो पैतोफ़ी को एहसास था कि जीवन बहुत छोटा रहेगा, इसलिए रचना-समग्र रच डालो! या क्या बाद में आनेवाली पीढ़ियाँ ही यह मान बैठी हैं कि उन्होंने "समग्र" रच डाला? यह ग़ौर-तलब है कि पैतोफ़ी, वॉन गॉग, करवाजीओ, रिम्बो, पुश्किन और बायरन ऐसे कलाकार हैं जिन्हें अपना काम पूरा करने के लिए जीवनकाल मिला ही नहीं; इसके बावजूद हम सब यह मानकर चलते हैं कि वे अपना "समग्र" कृतित्व हमें दे गए हैं।

पैतोफ़ी के ये संक्षिप्त सात बरस उस दौर के थे जब हंगरी की स्वाधीनता का संकल्प ज़ोर पकड़ रहा था। कई तरह के जन-समूह थे जो हंगरी को हब्स्बुर्ग साम्राज्य के उत्पीड़न से, सामन्ती विधानों से, पिछड़ेपन से मुक्त कराना चाहते थे। इन में सबसे अधिक मूलगामी या उग्र थे छात्र-समूह। उन में भी पैतोफ़ी सर्वाधिक मुखर और क्रान्तिचेता था। कविता-पोषित उसके अहं ने ख़ुद को लोकनायक के रूप में देखना शुरू कर दिया। वह जनता के नाम पर उत्तरोत्तर अधिक बोलने लगा। उसका झंडा फ्रांसीसी क्रान्ति के आदर्शों से सुशोभित था—आज़ादी, समता, बन्धुत्व! उसकी कविता अधिकाधिक जन जीवन से अनुप्राणित होने लगी।

1848 वह वर्ष था जब यूरोप में लगभग हर जगह क्रान्ति फूट पड़ी। पेरिस, विएना, और फिर पैश्त। वह अवाम का प्रवक्ता बन चुका था। फ्रांसीसी क्रान्ति के आदर्श सारे देश में फैल चुके थे। इसी वर्ष पैतोफ़ी ने "राष्ट्रीय गान" लिखा, जो 15 मार्च को, जिस दिन क्रान्ति शुरू हुई, देश भर में असंख्य बार गाया गया। ख़ुद पैतोफ़ी ने अपनी समूची अभिनयशीलता के साथ उसे गाया। आज भी हम इस कविता को हंगारी स्वाधीनता का राष्ट्रीय गीत मानते हैं; जब कभी हंगारी लोगों को महसूस होता है कि स्वतंत्रता पर आँच आ रही है, वे बारम्बार इसकी ओर खिंचे चले आते हैं।

अब हम उस आख़िरी भूमिका पर आ गए हैं जो कि पैतोफ़ी की कविता की कर्णधार-जैसी है। यह भूमिका काव्य के लिए अनजानी-अजनबी नहीं है। आख़िरकार उस युग के महान लोग सभी तो ऐसी क्रान्तियों की ओर मुड़े थे जो अतीत को धो-पोंछ दे। वे ऐसे परिवर्तनों के पैरोकार थे जिन से समाज में हर कोई बराबरी के धरातल पर खड़ा हो सके; जिस में किसी की हैसियत को धनबल से अथवा सामाजिक ओहदे से तय नहीं क़िया जाए।

आज भी हर विचारशील व्यक्ति, हर कलाकार यही चाहता है। किसी भी कला-सर्जक के लिए यह आसान नहीं है कि वह दीन-हीन और विपन्न का पक्ष नहीं ले। क्योंकि रचने का अर्थ ही—एक तरह से—दूसरों की विपत्ति को समझना उनके दुखदर्द को महसूस करना होता है; जब आप यह करते हैं तो बदलाव के लिए भी कुछ करेंगे ही। पैतोफ़ी ख़ास तौर से जानता था कि ओहदे और वैभव क्या हैं। एक दौर था जब उसका परिवार सुखी-सम्पन्न था। उसने दरिद्रता और दैन्य झेला। वैसे उसका परिवार सम्भ्रान्त या ज़मींदार या राजसी श्रेणी का नहीं था जिस में कि ओहदे और रुतबे ऊँचे होते हैं। इसके अलावा, वह हंगारी नहीं, बल्कि स्लोवाक था। चुनांचे खाते-पीते घर के बालक के रूप में भी, उसका सामजिक दर्जा दोयम था।

क्रान्ति ने अपने लक्ष्य पा लिए। साम्राज्यशाही दरबार पीछे हट गया। लेकिन बस थोड़े ही वक़्त के लिए; क्योंकि जल्द ही उसने इस नये हंगरी पर हमला कर दिया। शुरू में हंगरी की फ़ौजों ने बड़ी कुशलता से लड़ाई लड़ी और दुश्मन को मार गिराया। पर अन्ततः आस्ट्रिया वालों ने, रूस की ज़ारशाही सेना से मिलकर क्रान्ति को परास्त कर दिया। पर हम थोड़ा पीछे झाँकते हैं, क्रान्ति के अन्तिम महीनों में हम हैं। पैतोफ़ी अब अवाम का केवल साधारण नेता नहीं है, बल्कि धर्म युद्ध के लिए ललकारनेवाली राजनीतिक कविताओं का जनक भी है। वह राजाओं को सिंहासन-च्युत करने के लिए, हथियार उठाने के लिए, हर क़ीमत अदा करने के लिए आह्वान कर रहा है। अपनी एक कविता में वह कहता है कि वह बिस्तर में तकियों के बीच लेटे-लेटे नहीं मरना चाहता है, वह युद्धभूमि में लड़ते हुए समाप्त होना चाहेगा—"एक विचार मुझे विचलित करता है," यह कविता इस संग्रह में है। जीवन में अब दूसरी बार ऐसा कुछ हो रहा है जिसकी इजाज़त, सिद्धान्ततः, कवि नहीं दे सकता : यहाँ कविता में हम जिसकी आवाज़ सुन रहे हैं, और कवि जो स्वयं निजी जीवन में है उन दोनों के बीच अलगाव समाप्त है।

किसी ग़ैर-पेशेवर या नौसिखुआ लेखक को, सच्चा लेखक बनने के लिए, पहला काम ये करना चाहिए कि वह निजी 'सेल्फ़' और रचना में बोलनेवाले 'सेल्फ़' के बीच दूरी बनाए रखे। यह दूरी मिटते ही, कृति और कृती (रचनाकार) एक-दूसरे में घुल-मिल जाते हैं। पैतोफ़ी के जीवन के अन्तिम महीनों में यही हुआ।

"तुम अगर लड़ने को इतने आतुर हो, तो युद्ध-भूमि में क्यों नहीं चले जाते?"—उसके आसपास सभी लोग ये कहने लगे। उसकी पत्नी तक यह बोल पड़ी कि सेना में भर्ती नहीं होने से वह उसकी अपनी कविता पर ही प्रश्नचिह्न लगवा रहा है। पर पैतोफ़ी कोई फ़ौजी तो था नहीं। वह एक मरियल, जर्जर कवि था, उसे सैनिकों की रीति-नीति पता नहीं थी, और हथियार चलाना उसे आता नहीं था। इसके अलावा, तब तक स्वाधीनता का वह संग्राम सबसे ख़तरनाक अवस्था में था। हंगारी लोगों पर दुश्मन इतने भारी पड़ रहे थे कि हार के अलावा कुछ हाथ नहीं आना था।

सो हुआ ये कि अन्तिम किसी एक मोर्चे पर, जब रूसी सेना हंगारियों को कुचल रही थी, एक रूसी सैनिक ने कवि को भाले से भेद दिया—ऐसा कुछ चश्मदीदों का कहना है। उसकी लाश कभी नहीं मिली। सो कोई भी यह विश्वास करना नहीं चाहता था कि कवि अब जीवित नहीं है। कहा गया कि प्रतिशोध से बचने के लिए छिपता फिर रहा है भेष बदलकर। उन दिनों हंगरी में अगर कोई दरवाज़ा खटखटाता और कहता कि वह भगोड़ा पैतोफ़ी है, तो बिला शक उसको रात का खाना और सोने के लिए बिस्तर मिल जाता। इतना प्रिय था यह कवि अपने लोगों को। लोगों को यक़ीन था कि पैतोफ़ी ज़िन्दा है, जैसे कि एल्विस प्रेस्ली के भक्त मानते हैं कि

एल्विस आज भी किसी टापू पर है, और "लव मी टेंडर" गाना, दिन में तीन बार, पखेरुओं को सुनाता है।

ऐसे लोग भी थे जो मानते थे कि पैतोफ़ी को घसीट कर वे रूस ले गए हैं जहाँ वह रूसी भाषा में कविता लिखने लगा है। रूस के सुदूर अंचलों में बारम्बार उसकी लाश की तलाश की जाती रही। अभी कुछ ही पहले, एक हंगारी व्यवसायी ने एक खोजी दल को ख़र्चा देकर, साइबेरिया से पैतोफ़ी की तथाकथित हड्डियाँ बटोरने को भेजा था। अफ़वाह थी कि एक सूटकेस में भर कर पैतोफ़ी के अवशेष सीमा-पार कराए गए। उस सामग्री की वैज्ञानिक जाँच से पता लगा कि वह एक औरत का अस्थि पंजर था, न कि पैतोफ़ी का कोई उभयलिंगी अवतार।

हर कोई चाहता था कि पैतोफ़ी जिये, जीवित रहे। मगर हाँ, सरकारें नहीं, केवल सामान्य जन। आज मौजूदा ताक़तों के, अन्याय के ख़िलाफ़ बग़ावत करते हुए उसे देखना बढ़िया होता; पर अब वह है नहीं। सिर्फ़ उसके बारे में दंतकथा और उसकी कविता मौजूद है, एक बेहतर संसार बनाने को समर्पित किसी भी मुहिम के आधार के तौर पर। संसार के सभी सदाशय लोगों का एक वह सहारा है।

"स्वाधीनता, प्यार!"

[उत्तर-आधुनिक रचनाकार यानोश हाय भारत दूसरी बार 2022 में आ रहे हैं। गेजॉबबुआ शीर्षक से उनके नाटक तथा कहानी-कविता-संस्मरण का प्रकाशन 2008 में वाग्देवी प्रकाशन ने किया था (अब सेतु प्रकाशन, दिल्ली।) अनुवाद मारगित कोवैश और गिरधर राठी ने किया है। यह आलेख उनके भारतीय कार्यक्रम में अंग्रेज़ी में उनका अभिभाषण है।]

—यानोश हाय

स्वाधीनता, प्यार

शान्दोर पैतोफ़ी की कविताएँ

शान्दोर पैतोफ़ी का जन्म स्थल (Sándor Petőfi's birthplace)
(Photo : Zempléni Múzeum, Szerencs)

कहीं दूर से
Kis lak áll

दूनॉ नदी के किनारे वो छोटा-सा घर;
कितना प्रिय मुझे वो प्यारा छोटा-सा घर।
दो नयनों की बरौनियाँ भीगती आँसुओं में,
जब जब उसकी याद आती है मुझे।

काश, अन्त तक सदा उसी में रहता!
पर ख़्वाहिशों ने इनसान को सदा लुभाया;
मेरी ख़्वाहिशों को बाज के पंख लगे,
क़दम मिरे पुश्तैनी घर औ माँ छोड़ चले।

मर्मान्तक पीड़ा से जल उठी छाती उसकी,
जब अलविदा चुम्बन के साथ छोड़ी साँस उस पर,
बुझ नहीं पाई उसके दर्द की लपटें
नयनों पर ठहरे बर्फ़ीली ओस के मोतियों से।

उसने काँपते हाथों से जब मुझे लगाया गले!
गिड़गिड़ाते शब्दों में उसने भींचा था मुझे!
तब मैंने दुनिया देखी होती तो
उसका रोकना शायद व्यर्थ नहीं होता।

प्रभात के तारे-सी हमारी सुन्दर उम्मीदें
भविष्य में परियों के बाग़-सी होंगी;
और जब इसके विस्तार में उतरते हैं,
एहसास होता अपनी ग़मगीन भूल का हमें।

मुझे भी मेरी चमकती उम्मीदों ने
दिया था बढ़ावा, क्यों बताऊँ?
और जब से दुनिया में घूम रहा हूँ मैं,
मेरे आवारा पैरों में सैकड़ों काँटे चुभे।
...मेरे सुन्दर देश में परिचित लोग जाते हैं;
उनके ज़रिए अपनी माँ को क्या सन्देसा भेजूँ?
जाना हो गर आस-पास उस घर के
देशवासियो मिलना ज़रूर तुम उससे।

कहना उसे कि न कभी आँसू बहाए अपने
क्योंकि चमक उठी है क़िस्मत उसके बेटे की
गर उसे मालूम हुआ कि किस ग़रीबी में हूँ मैं
फट पड़ेगा हृदय उस बेचारी का

पोज़ोन, 1843, मई
अनुवाद : इन्दुकान्त आंगिरस

ख़ाली हो चुकी सुराही, वाइन डालो!
Üresen áll már a kancsó, bort bele!

ख़ाली हो चुकी सुराही, वाइन डालो!
जल्दी डालो मस्तानी, इसके साथ जाओ!
समुन्दर के मानिन्द बोनत्सीदा तक बहती है वाइन
जो अपने पैरों पर खड़ा रह सके, वो नहीं इनसान!

मेरी गोद में आओ, दिलबर, जानेमन, यहाँ है वाइन!
इसे पीने के बाद हम करते हैं चुम्बन;
तो पी डालो, ख़ाली करो, क्योंकि मैं हूँ प्यासा;
तुम्हारे चुम्बन, वफ़ादार चुम्बन, ओ मेरी कबूतरी!

कैच्कैमेत, 1843, जनवरी
अनुवाद : इन्दुकान्त आंगिरस

शान्दोर पैतोफ़ी के जन्म स्थल की रसोई (Sándor Petőfi's birthplace, Kitchen)
(Photo : Zempléni Múzeum, Szerencs)

मैं रसोई में गया
Befordultam a konyhára

मैं रसोई में गया,
सुलगाया मैंने पाइप...
हाँ वही जलाना था मुझे,
जो गोया अब तक जला न था।

मेरा पाइप जल उठा था पूरी तरह,
पर गया नहीं था जलाने मैं उसे!!
गया था इसलिए, क्योंकि देखा था मैंने,
कि वहाँ भीतर एक सुन्दर लड़की है।

जलाई थी आग जानेमन ने,
उठ रही थी लपटें;
आह, उसकी आँखों का जोड़ा,
जिनकी लपटें थीं बहुत बड़ी!

मैं भीतर गया, उसने मुझे देखा,
यक़ीनन किया उसने जादू मुझ पर!
जलता पाइप बुझ गया,
सोया दिल जल उठा।

पैश्त, 1843, जुलाई-अगस्त
अनुवाद : इन्दुकान्त आंगिरस

फूल को मना करना सम्भव नहीं
A virágnak megtiltani nem lehet

फूल को मना करना सम्भव नहीं,
कि वसंत आए और फूल न खिले;
वसंत है लड़की, फूल है प्रेम,
वसंत में खिलना ज़रूरी है।

प्यारी गुड़िया, मैंने तुम्हें देखा था, मुझे तुमसे प्रेम है।
तुम्हारी सुन्दर आत्मा से मुझे प्रेम हो गया है—
वो सुन्दर आत्मा, जो मुस्कुराती है धीरे से,
तुम्हारी ख़ूबसूरत आँखों के जादुई आईने में।

इक रहस्यमय सवाल मेरे दिल में उठ रहा है;
मेरे लिली के फूल! तुम मुझे चाहती हो या किसी दूसरे को?
ये दोनों विचार यूँ मेरे भीतर हैं घेरते,
जैसे पतझड़ में बादल सूर्य की किरणों को।

गर पता होता मुझे कि किसी दूसरे के चुम्बनों का
इन्तिज़ार करते हैं तुम्हारे दूधिया, गुलाबी गाल;
इस बड़ी दुनिया का आवारागर्द बन जाता,
या ख़ुद को मौत के सुपुर्द कर जाता।

चमको मुझ पर मेरी ख़ुशी के सितारे!
कि मेरी ज़िन्दगी ग़मगीन रात न बने;
मेरे हृदय के मोती! गर कर सको तो मुझे प्रेम करो,
कि ईश्वर तुम्हारी आत्मा को सुखी बनाए।

दैब्रैत्सैन, 1843, दिसम्बर
अनुवाद : इन्दुकान्त आंगिरस

प्रेम-प्रेम
Szerelem, szerelem...

प्रेम-प्रेम
कसैला प्रेम
क्यों किया तुमने मेरे साथ ऐसा सुलूक?
पूरी तरह से थे तुम ही मेरे दिल में
पहले और आख़िरी,
तैयार हो रहा है जल्द ही
ताबूत मेरे लिये।

जा रहा हूँ मैं, पास बढ़ई के,
बनवाने लकड़ी का एक क्रॉस,
उस पर लिखवाऊँगा मैं,
एक पंक्ति में!
काले अक्षरों से,
होगा लिखा यह :
"है यही जगह वह
जहाँ मुरझा जाता है गुलाब वफ़ादारी का।"

पैश्त, 1844, दिसम्बर
अनुवाद : हिमानी पाराशर

जैसे को तैसा
Szeget szeggel

हाय, मेरी पीठ, हाय मेरी पीठ
तो गई!
पड़ोसी चाचा ने इसकी मिट्टी झाड़ दी
बहुत ही।
धिक्कार है ऐसे ज़बरदस्त
डंडे के हत्थे को,
जिससे उसने मुझे इतनी निर्दयता से
झाड़ा है।

क्यों रखा है उसने बगीचा और इसमें
एक बब्बुगोशे का पेड़?
और भगवान ने उसे फल
क्यों दिया?
मोहक रूप से झाँक रहा था
बब्बुगोशा मुझे;
मैं उसके प्रलोभन से किसी भी तरह
नहीं बच सकता था।
मैं लकड़ी की बनी बाड़ से कूदा
मैं गिर पड़ा!
कि मेरा कलेजा इससे काँप गया
और मेरा गुर्दा।
और यह काफ़ी नहीं था; पड़ोसी चाचा ने
मुझे रँगे हाथों पकड़ लिया,

और फिर सही मायने में
बुरी तरह धो दिया।

ओ मेरे सृजनहार! क्यों मुझे देखना पड़ा
ये दिन?
उसने मुझे इतना मारा कि मेरी हर एक हड्डी
कड़कड़ करने लगी।
ये लो, उसने कहा, ये दूसरा भी लो,
ये तीसरा!
और वो सर्वज्ञ ही जानता है,
क्या थी गिनती।

चाँदनी भी मौजूद थी
इस उत्सव पर;
उसने उदासी से देखा : पड़ोसी चाचा ने
ये क्या किया।
उसने बादलों से ओढ़ा
दुख का दुपट्टा,
और मेरे कष्ट बाँट कर
आँसू छलक आए।

उसने, सिर्फ़ उसने ही नहीं की दया
अकेले;
तीन ही नृत्य! उसने कहा, और वो गया था
बैंड बजाता,
मेरी पीठ लाठी से बज रही थी
बीच में,
इतना कड़वा, शोकाकुल हादसा
मेरे साथ हुआ।

...पर कोई बात नहीं! मैं बाहर निकलूँगा
इस मुसीबत से।

और ये क़र्ज़ वो चुकाएगा,
उसे चुकाना होगा।

हम जानते हैं, ये कैसा समय है,
हमें ये पता है!
तुम भी तो आग में गीली लकड़ी डाल रहे हो,
मेरे चाचा!

हमारी खिड़की पर हर शाम क्यों
तुम रेंगते रहते हो?
मैंने देखा, असल में
क्या बात है।
दूसरों की आँख में
तिनका देखता है,
पर अपनी आँख का
लट्ठा नहीं।

ऐब तो उसमें भी
कम नहीं है :
वह मुझे पीट रहा है चोरी के कारण
और चोरी वो भी करता है;
वह चोरी करने जाता है, चुम्बन चुराता है
मेरी बहन से,
जबकि हमारी माँ बाइबल के
पन्ने पलट रही होती है।

(अगर) वह हमारी खिड़की पर पैर रखता है
इसके बाद :
मुझे क़सम है, मैं अब और नहीं करूँगा
नाटक।
या तो मैं हमारी माँ को
पुकारूँगा,

या फिर बाल्टी भर पानी उँडेल दूँगा
उसकी गर्दन पर!

पुस्तॉ-पॉलोतॉ, 1843, अप्रैल
अनुवाद : इन्दरप्रीत कौर

कलाकार मोर थान (1850 दशक) 'गधे पर सवार चरवाहा'
(Mór Than, Shepherd on the donkey illustration to Sándor Petőfi's poem)
(Photo : Petőfi Literary Museum)

गधे पे सवार चरवाहा
Megy a juhász

गधे पे सवार चरवाहा,
ज़मीन छूते उसके पैर;
बाँका बड़ा जवान, लेकिन उससे बड़ा
उसका ग़म।

बजाता था बाँसुरी घास के टीले पर
चराते हुए पशुओं को।
तब एक बार सुना उसने
कि उसकी प्रेमिका मरणासन्न है।

कूद कर गधे पर
दौड़ा घर की ओर,
लेकिन पहुँचा देर से,
देख पाया बस लाश।

इस मायूसी में
और वो करता भी क्या?
गधे के सर पर
ज़ोर से अपना डंडा मारा।

कुन्सैंतमिक्लोश, 1844, जुलाई
अनुवाद : इन्दुकान्त आंगिरस

समतल प्रदेश
Az Alföld

विकट कार्पेथियन—क्या हो मेरे लिए तुम
चीड़ के जंगलों वाले एक बीहड़ भू-दृश्य!
शायद मैं सराहता हूँ तुम्हें, लेकिन प्यार नहीं है तुमसे,
मेरी कल्पना नहीं गुज़रती, तुम्हारी घाटियों और पहाड़ियों से!

समतल प्रदेश तले सागर तल है
मैं हूँ वहीं का, बसती है मेरी दुनिया वहीं,
जहाँ मेरी उक़ाब आत्मा आज़ाद हो जाती जेल से,
जब मैं देखता हूँ अनन्त तक फैला समतल मैदान।

विचारों में मन ही मन मैं उड़ने लगता हूँ
धरती से परे बादलों के नज़दीक,
और दूनॉ से तिसा तक फैला यह समतल प्रदेश
मुझे एक मुस्कान के साथ देखता रहता है।

मृगजल से भरे आसमान के नीचे, किश-कुंशाग की
सैकड़ों गायों के झुंड की घंटियों की मधुर आवाज़,
जा रहीं उस हवादार घर में करने दोपहर का आराम
और प्याऊ का ठंडा पानी कर रहा उनका इंतज़ार

घोड़ों की उस सरपट दौड़ से आ रही,
खुरों के नाल की टपाटप आवाज़, उनका गर्जन
और हाँका लगाते साईसों का शोर,
और साईसों के चाबुकों की फटकार।

खेतों की कोमल बयारों के पालने में
लहलहाती गेहूँ की बालें;

देखो ना, पन्ना अपने जीवंत रंगों के साथ,
उन्हें कितना सुन्दर बनाता है।

नदी के किनारे वाली झाड़ी से
गोधूलि में आनेवाली कलहंसें,
चौंक कर उड़ जाती हैं,
जब हवा सरसराती सरकंडों के बीच।

खेतों के पार पुस्ता की उन गहराइयों में,
एक अकेली, टूटी हुई चिमनी वाली सराय खड़ी है;
प्यासे डाकू मँडराते हैं, उस जंगल के इर्द-गिर्द,
जब वे कैच्कैमेत के मेले में जाते हैं।

सराय के बग़ल में पॉपलर वन
तरबूजों से भरी रेत में, पीला पड़ता हुआ,
घोंसला बनाते हुए बाज की चीखें
बच्चों से परेशान हुए बग़ैर।

वहीं उदास बेला घास पनपती है,
और मवेशियों के खानेवाले नीले फूल भी;
दोपहर की तपिश से अपने आपको बचाने,
यहीं रंगीन छिपकलियाँ आराम करने आती हैं।
कहीं दूर, जहाँ ये धरती आकाश को छूती है,
धुँधली होती जा रही है, नीले फलों वाले पेड़ों की चोटी,
देखती है, धुँधलाते धुन्ध के स्तम्भ जैसी,
वहाँ, एक-एक शहर के चर्च की मीनार।

तुम सुन्दर हो, समतल प्रदेश, कम-से-कम मेरे लिए सुन्दर!
यहीं मैं पैदा हुआ, मेरा पालना भी झूला यहीं।
आख़िरी बार मेरी आँखें ढँकी जाएँ यहीं
मेरी समाधि भी बने यहीं कहीं।

पैश्त, 1844, जुलाई
अनुवाद : अनुराग कुमार

शान्दोर पैतोफ़ी का जन्म स्थल (Sándor Petőfi's birthplace)
(Photo : Zempléni Múzeum, Szerencs)

योजना जो धुआँ हो गई
Füstbement terv

घर आते वक़्त, रास्ते भर
सोचता रहा बस यही मैं :
कैसे करूँगा बात माँ से?
जिन्हें देखा नहीं कई दिनों से।

कहूँगा क्या उनसे सबसे पहले,
सहज और सुन्दर?
हो जो हू-ब-हू वैसा, जैसा तब
जब झुलाती थी पालने में मुझे।

आए हैं मेरे मन में अनगिनत
खूब सारे विचार सुन्दर से सुन्दर
लगता था मानो ठहर गया था समय,
जबकि गाड़ी चलती जा रही थी।

मैं गया भीतर छोटे-से कमरे में...
और लपक आई थी मेरी माँ मेरी तरफ़...
लटक गया मैं उनके होंठों से...
लटका हो पेड़ पर जैसे कोई फल।

दूनॉवैचै,1844, अप्रैल
अनुवाद : हिमानी पाराशर

पैतोफ़ी की माँ मारिऑ हूज (अज्ञात चित्रकार, 1850 के बाद)
(Unknown painter : The Portrait of Mària Hrúz Mrs. Petrovics, second half of the nineteenth century)
(Photo : Petőfi Literary Museum)

अपने भाई इश्तवान से
Istvân öcsémhez

कैसे हो तुम सब, मेरे भाई?
सोचते हो मेरे बारे में कभी-कभी?
करते हो मेरी बात क्या तुम
रात के खाने के बाद,
जब तुम्हारी बातचीत आत्मीय और सुखद होती है,
शाम के समय कहते हो :
और क्या कर रहा होगा अभी हमारा बड़ा बेटा शान्दोर?
कैसी चल रही है तुम्हारी ज़िन्दगी?
जानता हूँ बहुत मेहनत करते हो तुम लोग।
दिन-रात करते हो कठिन परिश्रम,
करने को किसी तरह गुज़ारा।
बेचारे पिता जी हमारे, अगर उनको लोगों पर अंधा भरोसा न होता :
इनकी ये स्थिति न होती।
क्योंकि वे सच्चे हैं, ईमानदार हैं।
इनको लगता था कि सभी ऐसे ही हैं।
और वे शिकार हुए अपने इसी भरोसे के,
मिल गया मिट्टी में सब जो भी था कमाया इन्होंने।
मिला फल इनकी ज़िन्दगी भर की मेहनत का,

पसीने की कमाई का, किसी और को।
क्यों भगवान नहीं करते कृपा मुझ पर,
कि मैं इनकी ज़िन्दगी थोड़ी आसान कर दूँ।
काश मैं बचा पाता इनको,
बुढ़ापे में, कठिन मेहनत से, हँसी ख़ुशी।
बस एक यही बात कड़वा कर देती है,
मुझे मेरे शान्तिमय जीवन में।
करो तुम इनके लिए जो भी तुम्हारे सामर्थ्य से हो सके!
बनो एक आदर्श पुत्र, और रक्षा करो इनकी।
ले लो अपने कन्धों पर अब तुम, इनकी ज़िम्मेदारी का आधा बोझ,
और देखना, भाई,
इस काम में, देगा भगवान साथ तुम्हारा।
और हमारी प्यारी, दयालु माँ,
ओ मेरे प्यारे भाई,
करो प्यार, सम्मान और आराधना।
हमारे लिए वे क्या हैं? नहीं बता सकता यह मैं,
क्योंकि विचार और शब्द ही नहीं है इसके लिए!
पर होगा एक भारी नुक़सान यह :
अगर जाएँगी ये हम से दूर परलोक...
अभी के लिए, इतना ही लिखना काफ़ी है, मेरे भाई,
मैं एक सुखद पत्र लिखना चाहता था,
न कि इतना स्याह,
न चाहते हुए भी हुई जो स्याह मेरे विचारों की ये मंज़िल :
यदि मैं जारी रखूँगा ये सिलसिला यूँ ही,
तो टूट जाएगा मेरा दिल आनेवाले दर्द से।

मेरा अगला पत्र अधिक लम्बा और सुखद होगा।

मेरे प्यारे भाई इश्तवान, भगवान तुमको ख़ुश रखे!

पैश्त, 1844, जून
अनुवाद : हिमानी पाराशर

शान्दोर के पिता इश्तवान पैत्रोविच (अज्ञात चित्रकार, 1850 के बाद)
(Unknown painter : Portrait of István Petrovics, painting)
Second half of the nineteenth century
(Photo : Petőfi Literary Museum)

एक शाम घर पर
Egy estém otthon

करता हूँ मदिरापान मैं पिताजी के साथ
उम्रदराज़ व्यक्ति पीता है,
मेरे लिए इस बार,
खुश रखे भगवान उनको;

एक अरसे से नहीं था मैं घर,
देखा नहीं था बहुत दिनों से उन्होंने मुझे,
तब से वे और भी ज़्यादा बूढ़े हो चुके थे,
ओह...समय कैसे उड़ जाता पंख लगा।

हम करते थे बातें, इधर-उधर की,
जो कुछ भी आ रहा था, ज़ुबां पर हमारी,
अभिनय और,
बाक़ी तमाम चीज़ों के बारे में।

अभी भी खटकता है, काम मेरा
उनकी आँखों में,
धारणा सालों से ये उनकी
नहीं बदली आज भी।

ये एक "बेकार ज़िन्दगी",
"एक भँड़ैती"
कानों में मुझे सराहना इस क़िस्म की,
सुननी ही पड़ती है।

"पता है मुझे, तुम्हें कई बार रहना पड़ा भूखा,
कर रही बयां सब, तुम्हारी ये क़द-काठी।
ज़रा देखना चाहूँगा मैं भी एक बार,
करते हो कैसे तुम कलाबाज़ी"।

मुस्कुराहट के साथ मैं सुनता रहा
उनका ये पारखी निष्कर्ष;
पर बहुत हठी हैं ये;
मैं इन्हें न समझा पाऊँगा कभी।

इसके बाद
गाया था मैंने, मदिरा गान, इनके लिए;
बहुत-बहुत ख़ुश था मैं,
पिता जी को हँसता हुआ देखकर।

नहीं हैं क़दर उनको,
है कवि बेटा उनका,
बेकार है उनके लिए
यह सब।

हैरत की कोई बात नहीं है यह!
समझ आता है बस इनको केवल क़साई होना,
क्योंकि इनके बाल नहीं सफ़ेद हुए
ज्ञान-विज्ञान की पढ़ाई में।

ख़ाली हो गई थी,
अब सुराही मदिरा की ,
मैं लगा लिखने,
पिता गए करने आराम।

पर तब लेकर, सौ सवाल संग अपने
आई थी मेरी माँ;
देना पड़ रहा था जवाब, उन्हें भी मुझे
इसलिए छोड़ना पड़ा बीच में ही लिखना।

और सिलसिला यह सवालों का
न होगा ख़त्म कभी;
पर लगे यह सवाल
अच्छे मुझे बहुत।

आईना था हर इक सवाल,
देख पाता था जिसमें मैं :
कि है इस धरा पर मेरे पास
सबसे प्यारी, प्रेम करनेवाली माँ।

दुनॉवैचै, 1844, अप्रैल
अनुवाद : हिमानी पाराशर

अभिनेता का गीत
Szinészdal

सभी कलाओं की
सरताज है :
हमारी कला,
इसे कौन नकार सकता है?
कितना सुन्दर है, कितना सुन्दर है, कितना सुन्दर है,
हमारा पेशा!
इस पर गर्व करें
कि हम अभिनेता हैं।

कोरी छाया है जिसे
कवि की कल्पना पैदा करती है;
उसमें जान, आत्मा
हम डालते हैं।

कितना सुन्दर है, कितना सुन्दर है, कितना सुन्दर है,
हमारा पेशा!
इस पर गर्व करें
कि हम अभिनेता हैं।

लोगों के दिलों पर
हमारा राज है :
हम उन्हें हँसाते
या रुलाते हैं
कितना सुन्दर है, कितना सुन्दर है, कितना सुन्दर है,
हमारा पेशा!

इस पर गर्व करें
कि हम अभिनेता हैं।

नैतिकता के क्षेत्र में
हम प्रचारकर्ता हैं।
हमारे प्रवचन
पुकारते हैं तुमको, मनोबल!
कितना सुन्दर है, कितना सुन्दर है, कितना सुन्दर है,
हमारा पेशा!
इस पर गर्व करें
कि हम अभिनेता हैं।

ध्यान रहे कि अपनी क़ौम के लिए
जो भी हम रंगमंच पर प्रचारित कर रहे हैं,
हमारे कृत्य उसे
झुठलाएँ नहीं।
अगर हम उसे अमल में नहीं लाते
जो हम बाँच रहे हैं :
तो लानत है हम पर,
तो हम अभिनेता नहीं हैं।

पैश्त, 1844, सितम्बर
अनुवाद : जतिन कौशिक

एक काल्विनिस्ट पादरी और चोकोनॉइ
(Photo : Zempléni Múzeum, Szerencs)

चोकोनॉइ
Csokonai

एक काल्विनिस्ट पादरी और चोकोनॉइ
एक दूसरे के अच्छे दोस्त थे।
चोकोनॉइ एक बार दैब्रैत्सैन से निकल भागा
और अच्छे दोस्त के सामने जाकर रुक गया।
"मैं पीना चाहता हूँ, यार"! और वह चिल्लाया
बहादुर मिहाय चोकोनॉइ।

"ठीक है अगर तुम पीना चाहते हो, तो तुम पिओगे,
अभी भी कहीं न कहीं तुम्हारे लिए शराब होगी,
अगर कहीं नहीं, तो मेरे तहख़ाने में;
वहाँ शराब का कोई एक ही बैरल नहीं है।"
पादरी ने कहा, और फिर दोनों एक-साथ नीचे चले गए
बहादुर मिहाय चोकोनॉइ।

"यहाँ पर ही है, लो!" पादरी चिल्लाया,
जैसे ही उसने बैरल से ढक्कन खींचा;
"टोंटी के लिए दौड़ो! मैं उसे ऊपर की मंज़िल पर भूल आया;
दौड़ो, मेरे भाई, पर रुको मत!"

और वह बगतोड़ भागा।
बहादुर मिहाय चोकोनॉइ।

पादरी ने हथेली बैरल के छेद पर रखी;
सिर्फ़ इंतज़ार, सिर्फ़ इंतज़ार, कि शायद टोंटी आ जाए,
पर टोंटी नहीं आई, और पादरी बड़बड़ाया :
"क्या शैतानी कर रहा है,
कहाँ जा पहुँचा नरक में,
बहादुर मिहाय चोकोनॉइ।

वो टोंटी के लिए अब और इंतज़ार नहीं कर पाया,
और बैरल वहीं छोड़ दिया, सारी शराब बह गई,
वह तहख़ाने से ऊपर घर में गया,
पर वहाँ उसे कोई नहीं मिला।
बस देर रात गए पहुँचा वहाँ
बहादुर मिहाय चोकोनॉइ।

ख़ैर, इसमें बस इतना ही था :
बहादुर ने वहाँ ऊपर टोंटी को ढूँढ़ा,
उसने उसके लिए कोन-कोना छान मारा,
लेकिन वो जान नहीं पाया कि वह कहाँ रखी है?
और इसलिए वह टोंटी के लिए पड़ोस में चला गया
बहादुर मिहाय चोकोनॉइ।

पड़ोस में एक शादी थी।
उसके सामने खाने-पीने की चीज़ें परोसी गईं;

और फिर खाने और शराब के साथ ही साथ
और संगीत की धुन पर
टोंटी, पादरी, उसने सब कुछ भुला दिया
बहादुर मिहाय चोकोनॉइ।

पैश्त, 1844, नवम्बर
अनुवाद : इन्दरप्रीत कौर

स्याही की बोतल
A tintásüveg

मैज्यैरी जब एक घुमन्तू अभिनेता था,
(क्या कोई है, जो इस नाम को नहीं जानता?)
वो लिख रहा था, दूसरों की तरह, प्रोग्राम पन्ना।
उसे मिल गई
इसके लिए
एक बार लगभग पाँच फोरिंत की दिहाड़ी,
जैसा कि मैंने कहा, लगभग पाँच फोरिंत की दिहाड़ी।

सबसे पहले वो स्याही के लिए गया,
अगर उसे फिर से लिखना था, तो स्याही चाहिए होगी।
और स्याही की बोतल कहाँ
रख दी?
उसके अन्दर
उसके कोट की पिछली जेब में,
जैसा कि मैंने कहा, उसकी कोट की जेब में।

जैसे ही उसे पैसे मिले, मैज्यैरी ख़ुश हो गया,
और घर की तरफ़ जाते हुए, वह छलाँगें लगाता रहा।
सैंतपेतैरी व्यर्थ चेतावनी देता है :
"कॉरी,
ध्यान से!
सुख के बाद जल्द ही दुख आएगा,
जैसा कि मैंने कहा, जल्दी ही बाद में दुख आएगा।"

ये इसी तरह हुआ। इन्हीं कई छलाँगों के दौरान
स्याही बह गई; उसका धब्बा रह गया।
मैज्यैरी उदास हो गया, मिज़ाज ख़राब किया
उसका
धब्बे ने,
चूँकि उसके पास केवल एक कोट था,
जैसा कि मैंने कहा, केवल एक कोट था।

सबसे बड़ी बात : उसका कोट बस पीला था,
और इसलिए धब्बा और भी अधिक दिखाई दे रहा था।
"मैं इसे फेंक दूँगा—उसने कहा—लेकिन दूसरा नहीं है
मेरे पास;"
इसी कारण
इसी वजह से
वो पहन रहा था, जब तक कि फट न जाए,
जैसा कि मैंने कहा, जब तक कि फट न जाए।

पैश्त, 1844, सितम्बर
अनुवाद : इन्दरप्रीत कौर

शोमा ओरलॉइ पैत्रिह : 'दैब्रैत्सैन में पैतोफ़ी', 1857
(Soma Orlai Petrich, 1822-1880, Petőfi in Debrecen [painting] 1857)
(Photo : Petőfi Literary Museum)

क़ुदरती जंगली फूल

(दार्दानुश जैसे आलोचकों के लिए)

A természet vadvirága

क्यों भौंक रहे हो मुझ पे, झपटने काटने को
निहायत नीच मरियल कुत्तो!
घुटता दम तुम्हारा, गर्दनों पर
बँधे सख्त पट्टों के खिंचाव से।
काटते तुम शीशे वाले घरों के
दुर्बल पौधों को;
अनन्त प्रकृति का
जंगली फूल हूँ मैं।

शिक्षकों की छड़ी ने नहीं घुसाई
कविता मेरी रगों में,
स्कूल के क़ायदे-क़ानून
कभी स्वीकारे नहीं मेरी रूह ने।
जिन्हें डर है आज़ादी का,
सिर्फ़ वो ही उसे मानेंगे।
अनन्त प्रकृति का
जंगली फूल हूँ मैं।

मैं खिलता नहीं तुम्हारे लिए,
ऐरे-ग़ैरे यात्रियों के लिए!
जिसका दुर्बल, नाज़ुक पेट
तुरन्त हो जाए ख़राब;
बेहतरीन कविता-रसिक

आते हैं मेरे स्वागत को।
अनन्त प्रकृति का
जंगली फूल हूँ मैं।

इसलिए भी मुझे सदियों तक
शान्ति से रहने दो;
वैसे भी काम का फल उतना भी नहीं :
फेंकते हो व्यर्थ मटर के दाने दीवार पर
और बन्धु अगर बहस करने का मन हो
तुम झपटो मेरे ऊपर :
अनन्त प्रकृति का काँटों वाला
जंगली फूल हूँ मैं।

पैश्त, 1844, दिसम्बर
अनुवाद : इन्दुकान्त आंगिरस

है जितना विशाल ये संसार...
Ez a világ amilyen nagy

है जितना विशाल ये संसार,
उतनी ही छोटी हो तुम, ओ मेरी कबूतरी;
यदि तुम मिल जाती मुझे
नहीं देता तुम्हें मैं इस संसार के लिये!

हो तुम सूर्य, मैं हूँ अँधियारी रात
हूँ मैं शोकाकुल गहनतम अन्धकार;
यदि पिघलता मेरा तुम्हारा हृदय एक साथ
तो मैं बन जाता एक सुहावना प्रभात!

ओह! झुका लो पलकें अपनी, यों ना देखो मुझे,
नैनों की ज्वाला में तुम्हारी आत्मा मेरी सुलग जाती है!
नहीं करती हो तुम प्रेम मुझे
तो हो जाने दो मेरी जर्जर अनाथ आत्मा को अग्निज्वाला में जलकर राख!

पैश्त, 1844, जून
अनुवाद : डॉ. स्नेह गुप्ता

चार बैलों की गाड़ी

A négyökrös szekér

यह जो सुनते हो तुम नहीं पैश्त में घटा
वहाँ जज़्बाती बातें कहाँ हैं भला
शरीफ़ों का इक दल, सफ़र पे बढ़ा था
गाड़ी में बैठा, औ' उस पर चला था
दो बैलों की जोड़ी चलाती थी गाड़ी
जो इस दल को खींचे लिए जा रही थी
नगर की सरहद तक बैलों की गाड़ी
धीमे-धीमे चली जा रही थी।

चाँदनी थी रात औ' चाँद था ऊपर
ज़र्द बेनूर और एकदम उदास
क़ब्रिस्तानों में मानो बेवा कोई
शौहर को करती हो अपने तलाश
धरती की ख़ुशबू सँजोते हुए
चंचल पवन भी बही जा रही थी
नगर की सरहद तक बैलों की गाड़ी
धीमे-धीमे चली जा रही थी।

इसी दल में मैं था, मेरे साथ एरजी
दल के सभी जन थे हँसते औ' गाते
मैं अपने ख़यालों में डूबा हुआ था
औ' अपनी ही दुनिया में खोयी थी एरजी
अचानक मैं बोला हौले से उससे
'ना चुन लें सितारा इक अपने लिए'

नगर की सरहद तक बैलों की गाड़ी
धीमे-धीमे चली जा रही थी।

ख़यालों में गुम एरजी से मैं बोला
'ना चुन लें सितारा हम आज के दिन ही
जो फिर-फिर के लाएगा ख़ुशियाँ हमारी
यों जो मिलेंगी न हमको कभी भी
'औ' चुना एक सितारा दोनों ने मिलकर
उसी पल वहाँ ही उस गाड़ी के अन्दर
नगर की सरहद तक बैलों की गाड़ी
धीमे-धीमे चली जा रही थी।

बोर्याद, 1845, सितम्बर 26 – अक्टूबर 7
अनुवाद : इन्दु मज़लदान

गाबोर एग्रैशी, शान्दोर पैतोफ़ी का डैगुरोटाइप से फ़ोटो, पैश्त 1845
(Gábor Egressy, 1808-1866, Sándor Petőfi [daguerrotype], Pest 1845)
(Photo : Petőfi Literary Museum)

हुनर, मेरे पिता का और मेरा
Apám mestersége s az enyém

पापा, मेरे प्यारे पापा,
आप अक्सर कहते थे ना :
आपका और मेरा एक ही धन्धा होना चाहिए
आपकी इच्छा तो यही थी ना कि,
मैं भी एक क़साई बन जाऊँ
लेकिन, देखो ना मेरे प्यारे पापा
मैं एक कवि बन गया

आप बेज़ुबान जानवरों पे
चलाते हैं अपना गँड़ासा,
और मैं लोगों को
अपने क़लम से चोट पहुँचाता—
वैसे तो ये दोनों ही बराबर हैं,
अगर हम भूल जाएँ उन नामों को
जिन्हें हम चोट पहुँचाते हैं।

पैश्त, 1845, जनवरी
अनुवाद : अनुराग कुमार

मैं वृक्ष बन जाऊँगा, हो यदि तुम पुष्प
Fa leszek, ha...

मैं वृक्ष बन जाऊँगा, हो यदि तुम पुष्प।
हो यदि तुम बूँद ओस की, मैं पुष्प बन जाऊँगा।
मैं ओस की बूँद बन जाऊँगा, हो यदि तुम किरण सूर्य की...
एक दूजे के हो जाएँ हम।

यदि, ओ प्रिये, तुम हो स्वर्ग;
मैं बन जाऊँगा सितारा।
यदि, ओ प्रिय, तुम हो नरक; (एक होने के लिए)
मैं जाऊँगा नरक।

सॉल्कसैन्तमार्तोन, 1845, अगस्त 20 - सितम्बर 8 के बीच
अनुवाद : डॉ. स्नेह गुप्ता

बादल
A felhők

अगर मैं चिड़िया होती : हमेशा
बादलों के बीच उड़ती रहती।
अगर मैं चित्रकार होता : और कुछ नहीं,
सिर्फ़ बादलों में ही रंग भरता।

ओह...मुझे बादल कितने पसन्द हैं!
मैं उन सबका स्वागत करता,
आने पर, और बोलता उनको
विदा करते समय : ख़ुश रहो।

ओह...मेरे कितने अच्छे दोस्त हैं
ये रंगीन आसमान के बंजारे।
ये मुझे इतने अच्छे से जान गए,
कि शायद वो भी जानते हैं
कि मैं क्या सोचता हूँ।

मैं कितनी बार देखता था
जब वह हल्की नींद में सोते थे
भोर और शाम की गोद में,
जैसे मासूम छोटे बच्चे।

और मैंने उनको देखा जब आते थे,
जैसे कोई ग़ुस्सैल आदमी,
कि तूफ़ान से, इस अत्याचारी से,
ज़िन्दगी और मौत की लड़ाई लड़ सके।

और मैंने देखा, कि जागता रहता था
बीमार जवान आदमी का प्रकाश,
और वे बादल पीले चेहरे लिए
जैसे वफ़ादार बहनें, चारों ओर से घेर लेते।

मैंने इसके सभी रूप बदलते देखे थे,
जो भी किया इन्होंने, वह सब देखा,
और जब भी जैसे भी मैं देखता,
हमेशा बहुत ही पसन्द आते।

मैं क्यों इनसे इतना आकर्षित होता हूँ?
मेरे वे आत्मा के रिश्तेदार हैं,
जो हमेशा नए और नए रूप लेता है,
और फिर भी वही रहा आता है,

वे बादल और मुझ में और भी तुलना हो सकती है :
इनके पास है,
जैसे मेरी आँखों में भी है—
आँसू और बिजली।

पैश्त, 1847, फरवरी,
अनुवाद : हिमानी पाराशर

आशा
Remény

आशा क्या है?...घृणास्पद वेश्या,
जो हर पुरुष को एक समान गले लगाती है
अगर तुम अपना बेशक़ीमती ख़ज़ाना, जवानी,
उस पर ख़र्च करते हो, तो छोड़ देती है, छोड़ देती है।

पैश्त, 1845, अक्टूबर 16 – नवम्बर 25 के बीच
अनुवाद : मारगित कोवैश

दुख क्या है? एक विशाल समन्दर
A bánat? Egy nagy óceán

दुख क्या है? एक विशाल समन्दर।
सुख क्या है?
एक नन्हा-सा मोती। शायद
जब तक उसे ऊपर लाऊँ, टूट ही जाए।

सॉल्कसैन्तमार्तोन, 1845, 10 मार्च – 31 दिसम्बर के बीच
अनुवाद : डॉ. स्नेह गुप्ता

याद
Emlékezet...

याद!
तुम टूटे हुए जहाज़ की तख़्ती,
जिसे लहरों और हवा के थपेड़े,
फेंक देते हैं समुद्र तट पर...

सॉल्कसैन्तमार्तोन, 1845, 10 मार्च – 31 दिसम्बर के बीच
अनुवाद : हिमानी पाराशर

मेरे सिर में है रात...
Fejemben éj van...

मेरे सिर में है रात, रातों की रात,
और रात-भरी हुई है भूत प्रेतों से;
मेरे दिमाग़ में विचार पैदा कर रहे एक-दूसरे को,
और चीर रहे एक-दूसरे को, जैसे जंगली पशु।
खौल रहा है
मेरा हृदय का ख़ून, धड़कता बुखार से,
जैसे चुड़ैल की देग़ में खौलता है जादुई पानी।
जलती हुई कल्पना मेरी, जैसे एक टूटता तारा,
दौड़ता दुनिया में एक ओर से दूसरी ओर,
ले जाता मुझे अपने साथ,
घर का मेरा संगी है नैराश्य,
और पड़ोसी दीवानगी।

सॉल्कसैन्तमार्तोन, 1845, 18 मार्च – 31 दिसम्बर के बीच
अनुवाद : हिमानी पाराशर

सपना...
Az álom...

सपना
प्रकृति का सबसे सुन्दर उपहार।
सपने में, हमारी इच्छाओं का देश खुलता है।
जो जागृत अवस्था में हमें दुनिया में नहीं मिलता।
सपने में ग़रीब
न ठंडा होता है न भूखा,
वह बैंगनी कपड़े पहनता है,
और वह सुन्दर कमरों के, नरम क़ालीनों पर चलता है।
सपने में राजा
दंड नहीं देता, क्षमादान नहीं करता, फ़ैसले नहीं सुनाता...
शान्ति का आनन्द लेता है।
सपने में युवक अपनी प्रेमिका के पास जाता है,
जिसे वर्जित प्रेम खाए जा रहा है,
और वहाँ उसकी जलती हुई छाती पर पिघलता रहता है।
मैं सपने में
ग़ुलाम क़ौमों की बेड़ियों को तोड़ता हूँ!

सॉल्कसैन्तमार्तोन, 1845, 10 मार्च – 31 दिसम्बर के पहले
अनुवाद : हिमानी पाराशर

यदि दिल क़ब्र में सूखते...
Ha a sírban megszáradt...

यदि दिल क़ब्र में सूख जाते
उन सभी को लाया जाता एक ढेर में
और जला देते उनको,
कौन बता पाएगा :
इनकी लपटें कितने रंगों की होंगी?

सॉल्कसैन्तमार्तोन, 1845, 10 मार्च – 31 दिसम्बर के बीच
अनुवाद : हिमानी पाराशर

मेरी मोमबत्ती जगमगाती है...
Gyertyám homályosan lobog...

मेरी मोमबत्ती जगमगाती है...
मैं अकेला हूँ...
अपने कमरे में एक ओर से दूसरी ओर चक्कर लगा रहा हूँ...
मैं चिलम पी रहा हूँ...
मेरे चारों ओर उड़ते हैं दृश्य मेरे भूतकाल के...
मैं चलता हूँ, चलता हूँ, और निरीक्षण करता हूँ।
छाया धुएँ की दीवार पर,
और दोस्ती के बारे में सोचता हूँ।

सॉल्कसैन्तमार्तोन, 1845, 10 मार्च – 31 दिसम्बर के बीच
अनुवाद : हिमानी पाराशर

इतनी भी नहीं है क़ीमती ज़िन्दगी...
Annyit sem ér az élet...

इतनी भी नहीं है क़ीमत ज़िन्दगी की
जितनी एक रसोई के टूटे हुए बर्तन की,
जो फेंका गया, और जिससे
बूढ़ा भिखारी चाट रहा है सूखा हुआ खाना बाहर की तरफ़ से।

सॉल्कसैन्तमार्तोन, 1845, 10 मार्च – 31 दिसम्बर के बीच
अनुवाद : हिमानी पाराशर

एक समान अपनाओ...
Viseld egyformán...

"अपने अच्छे बुरे भाग्य को समान रूप में अपनाओ!"
इसको कहते हैं समझदारी, मूर्ख दुनिया के अनुसार।
यह मेरा नारा नहीं है;
मैं अपनी ख़ुशियों और ग़मों को
महसूस करना चाहता हूँ...
और अधिक महसूस करता हूँ।
मेरी आत्मा नदी नहीं है,
जो विरक्त भाव से,
गुलाब की पँखुड़ी को जकड़ लेती है,
जिसे वसंत में सुन्दर लड़की उसमें फेकती है,
और सूखी घास,
जिसको
पतझड़ की हवा उड़ाकर बाढ़ में बहा देती है।

सॉल्कसैन्तमार्तोन, 1845, 10 मार्च – 31 दिसम्बर के बीच
अनुवाद : हिमानी पाराशर

झाड़ी काँप रही है...

Reszket a bokor, mert...

झाड़ी काँप रही है, क्योंकि
आ बैठी एक नन्हीं चिड़िया उस पर।
मेरी आत्मा काँप रही है, क्योंकि
तुम्हारी याद आई है,
तुम्हारा ख्याल आया है,
नन्हीं-सी बालिका,
तुम इस बड़े संसार का
सबसे बड़ा हीरा हो!

दुनॉ में पूर है,
वह शायद उफन भी पड़े,
शायद मेरे दिल में भी,
उत्तेजना ही छाई है,
मेरे गुलाब, जितना मैं तुमसे करता हूँ प्यार,
क्या तुम भी मुझसे उतना प्यार करती हो?
आप के माता-पिता भी नहीं कर सकते
उतना प्यार, जितना मैं तुमसे करता हूँ।

जब हम साथ थे मुझे मालूम है
कि तुम मुझसे प्यार करती थी
लेकिन तब तेज गर्मी थी
अब सर्दी है कड़ाके की सर्दी।
अगर तुम्हें मुझसे प्यार नहीं
तो भगवान तुम्हारा भला करे

लेकिन अगर अब भी प्यार है
तो तुम्हारा हज़ारों बार भला हो।

पैश्त, 1846, नवम्बर 20 के बाद
अनुवाद : अनुराग कुमार

ज़ेम्प्लेनी मूज़ेउम, सैरेन्च
(Photo : Zempléni Múzeum, Szerencs)

एक विचार मुझे विचलित करता है...
Egy gondolat bánt engemet...

एक विचार मुझे विचलित करता है :

बिस्तर पर मरना, तकियों के बीच!

फूल की तरह धीरे-धीरे मुरझाना,

जिसे किसी अज्ञात कीड़े के दाँत कुतर दें;

धीरे-धीरे बुझ जाना एक मोमबत्ती की तरह,

जो किसी सुनसान कमरे में खड़ी हो।

मुझे ऐसी मौत न देना भगवन,

ऐसी मौत न देना मुझे भगवन!

मुझे होने दो पेड़ जिस पर बिजली गिर जाए,

या जिसे बवंडर जड़ से उखाड़ दे,

मुझे एक चट्टान होने दो, जिसे गगन-धरा-भेदी गड़गड़ाहट,

शिखर से धरा पर पटक दे...

जब सारी ग़ुलाम क़ौमें

अपनी बेड़ियों से ऊब, मैदान में पहुँचें,

लाल चेहरों और लाल झंडों के साथ
और झंडों पर लिखा हो ये पवित्र नारा।
"दुनिया आज़ाद!"
और वो इसे दहाड़ कर कहें,
दहाड़ कर कहें, पूरब से पश्चिम तक,
और ज़ुल्म से टकराएँ...

मैं वहीं गिरूँ,
रणभूमि में,
वहाँ बहे मेरे युवा दिल से ख़ून,
और अगर मेरे मुँह से ख़ुशी भरे आख़िरी शब्द निकलें,
तो उन्हें तलवारों की टंकारों, बिगुलों की आवाज़ों,
और तोपों की गड़गड़ाहट में दब जाने देना

मेरे पार्थिव शरीर पर से
विजय पथ पर
जाते घोड़ों को गुज़रने देना,
उन्हें मुझे वहीं कुचला हुआ छोड़ जाने देना।

अगर आए दफ़नाने का दिन, तो
मेरी बिखरी हुई अस्थियों को वहीं इकट्ठा करना, जहाँ
धीमे शोक समारोह के संगीत के साथ,

झंडे से ढँक कर,

नायकों को सामुदायिक क़ब्र में दफनाया जाए,

जो तेरे लिए हुए क़ुर्बान, पवित्र आज़ाद दुनिया!

पैश्त, 1846, दिसम्बर
अनुवाद : जतिन कौशिक

जेम्प्लेनी मूज़ेउम, सैरेन्च
(Photo : Zempléni Múzeum, Szerencs)

जनाब पॉतो पाल
Pató Pál úr

एक अभिशप्त राजकुमार की तरह
जादुई सागर के पार,
रहता था अपने गाँव में मगन
जनाब पॉतो पाल तुनक मिज़ाज,
कुछ और होती तुम्हारी ज़िन्दगी
अगर एक जवान बीवी...
उसकी बात काट, बोले जनाब पॉतो पाल
"जाने दो, अभी वक़्त है उसके लिए!"

खंडहर में तब्दील होता घर
दीवारों से उखड़ता प्लास्टर
छत का एक कोना तोड़ हवा का झोंका
ख़ुदा ही जाने कहाँ जाएगा;
हमें करनी है मरम्मत, क्योंकि आज या कल
उन सूराखों से झाँकेगा आकाश...
उसकी बात काट, बोले जनाब पॉतो पाल
"जाने दो, अभी वक़्त है उसके लिए!"

वीरान है बाग़, लेकिन फिर भी
खेत में खिल रहे हैं फूल,
अब खसखस के खिलते ये फूल
हर क़िस्म के हर तरफ़ होंगे,
क्यों सुस्ता रहे हैं खेत के मज़दूर
क्यों सुस्ता रहे हैं ये हल?
उसकी बात काट, बोले जनाब पॉतो पाल
"जाने दो, अभी वक़्त है उसके लिए!"

ये फ़र वाला कोट, ये पतलून,
झीने हुए कितने, पुराने हुए इतने,
कि अब तो एक मच्छरदानी का काम भी
ज़रूरत पड़ने पर ले सकें इनसे;
अब बुलाना चाहिए दर्जी को,
कपड़ा ख़रीद चुके हैं कब का...
उसकी बात काट, बोले जनाब पॉतो पाल
"जाने दो, अभी वक़्त है उसके लिए!"

गुज़ारी फटेहाल-सी ज़िन्दगी
जबकि उसका बाप और पुरखे
छोड़ गए थे सब कुछ बड़ी मात्रा में
लेकिन उसके पास कभी कुछ नहीं रहा
लेकिन इसमें उसकी ग़लती नहीं

पैदा ही हुआ वो हंगेरियन

और उसके देश की एक पुरानी कहावत है

“जाने दो, अभी वक़्त है उसके लिए!”

पैश्त, 1847, नवम्बर
अनुवाद : इन्दुकान्त आंगिरस

यानोश आरन्य, रेखांकन शान्दोर पैतोफ़ी, 1847
(Photo : Zempléni Múzeum, Szerencs)

आरन्य लॉत्सी के लिए
Arany Lacinak

लॉत्सी तुम,
तुम सुन रहे हो?
यहाँ आओ,
आओ, अगर मैं कहूँ,
जल्दी-जल्दी आ जाओ,
यहाँ मेरी गोद में बैठो,
लेकिन हिलो मत, क्योंकि तब
मैं न चाहते हुए भी चुटकी ले लूँगा,
ऐसे ही!
दर्द हो रहा है क्या?
अच्छा, चिल्लाओ मत।
अपना मुँह बन्द करो
और कान खोलो अपने,
खोलो ये छोटा-सा द्वार;
जल्दी ही तुम देखोगे, कि क्या दौड़ रहा है,
उसके रास्ते से तुम्हारे सिर में...
एक छोटी-सी रंगीन तितली।
रंगीन तितली, छोटी कहानी,
लॉत्सी के सिर में दौड़ पड़ो।

एक आदमी था, बड़ी मूँछों वाला।
उसने क्या किया? वह कुएँ के पास गया।
लेकिन बाल्टी में पानी नहीं था,
अचानक उसने फ़ैसला किया, उसमें पानी भरने का।
और क्यों

उसने भरी बाल्टी पानी से।
ये बाल्टी?
शायद बाग़ को
क्या उसको पानी देना है?
या उसे पानी पीना है? बिलकुल भी नहीं।
हाथ में भरी हुई बाल्टी लेकर
वह आराम से धीरे-धीरे मैदान में जाता है,
वहाँ वह रुका और आसपास देखने लगा;
अरे, वह क्या देख सकता है?
शायद चमचमाती मृगतृष्णा?
शायद उसे वो बहुत बार देख चुका होगा...
या पड़ोस के गाँव की मीनार?
क्यों वहाँ बहुत कुछ नहीं देख पाता...
या शायद उसी व्यक्ति को,
जो जूट
भगौने में भिगोता है?
वह इसकी भी परवाह नहीं करता।
तो किसकी परवाह करता है?
उल्लू के पट्ठे!
मैं तुम्हें बता दूँगा
क्यों, किस चीज़ के लिए
वह मैदान पर देखता है,
क्यों पानी बाहर लाया?
वह छछून्दर के छेद में पानी डालना चाहता है।
देखो-देखो वहाँ उधर देखो :
वहाँ पर है छछून्दर,
वाह, कितनी तेज़ी से,
कैसे दौड़ता है!
एक पल,
और वहाँ अन्दर है,
छेद के अन्दर।
हमारा आदमी भी आलसी नहीं है,
सीधा दौड़ता है वहाँ
छेद के पास,

और उसी में डालता है
पानी की बाल्टी;
ये छेद पूरी तरह से मुँह तक भर गया।
बेचारे ग़रीब छछून्दर ने
थोड़ी देर तक बर्दाश्त किया,
लेकिन उसके बाद वह
ऊपर चढ़के बाहर आया,
उसकी कमीज़ भी भीगी हुई थी।
छेद के मुँह पर उसकी गर्दन को
दबोच लिया गया,
उसने गर्दन दबोच ली,
उसे घर ले गए,
और अभी...
यहाँ पर है...
मेरी बाँहों में,
क्योंकि ये फ़ुर्तीला
शरारती छछून्दर
तुम हो, लॉत्सी, तुम ही हो!

सॉलोंता, 1847, जून 1-10
अनुवाद : इन्दरप्रीत कौर

स्वाधीनता, प्यार!
Szabadság, szerelem!

स्वाधीनता, प्यार
ये दोनों ही मेरे लिए ज़रूरी हैं
प्यार के लिए,
क़ुर्बान करता हूँ
अपना जीवन,
स्वाधीनता के लिए,
क़ुर्बान करता हूँ
अपना प्यार।

पैश्त, 1847, जनवरी 1
अनुवाद : अनुराग कुमार

उन्नीसवीं सदी के कवि
A XIX század költöi

कोई न छेड़े तार,
हल्के फुल्के ढंग से!
वो अपने ऊपर बड़ी ज़िम्मेदारी ले रहा है,
जो इस वक़्त अपने हाथ में बीन ले रहा है।
अगर तुम अपने सुख दुःख के अलावा
कुछ और सुरों में नहीं पिरो सकते,
तो दुनिया को तुम्हारी ज़रूरत नहीं है,
तुम इस पवित्र वाद्य को अलग रख दो।

हम बंजर ज़मीन पर छुप कर रह रहे हैं,
जैसे कभी मूसा अपने चेलों के साथ छुपे थे।
और पीछा कर रहे थे आग की लपटों का
जिन्हें ख़ुदा ने राह दिखाने को भेजा था।
नए ज़माने में ख़ुदा ने
आग की लपटों का काम
कवियों को दिया है, कि वे सब को राह दिखाएँ,
और उन्हें ले जाएँ कानान* की ओर।
आगे बढ़ो, जो भी कवि हो,
आग में—पानी में, जनता के साथ!
लानत है उस पर, जो अपने हाथों से,

* कानान — ख़ुदा के वचन वाला वह देश जहाँ सब सुख से रह सकते हैं।

क़ौम के ध्वज को
फेंक दे,
लानत है उस पर, जो डर या आलस के मारे
पीछे रह जाए,
कि, जब क़ौम अथक संघर्ष करे, पसीना बहाए,
वो छाँव में आराम फरमाए।

कुछ नक़ली पैग़म्बर भी हैं,
जो दुष्टतावश ये ख़बर फैला रहे हैं,
कि हम रुक सकते हैं,
क्योंकि यही ख़ुदा के वादे के ज़मीन है,
झूठ, निर्लज्ज झूठ।
जिसका लाखों लोग खंडन कर रहे हैं,
जो धूप में तपिश में, भूखे-प्यासे,
व हताश अवस्था में हैं।

जब सम्पन्नता की टोकरी पर सबका,
एक समान अधिकार हो,
जब न्याय की मेज़ पर
सभी बैठ सकें, बराबर अधिकार से,
जब ज्ञान की किरणें,
हर घर की खिड़की पर चमकें,
तभी कहा जा सकता है कि हम रुक सकते हैं,
क्योंकि कानान आ गया है!

और तब तक कोई आराम नहीं,
तब तक जूझते रहना है।
हो सकता है जिन्दगी इस श्रम के लिए

हमें कुछ न दे,

पर मौत हमारी आँखें हलके से,
कोमल चुम्बन के साथ बन्द करेगी,
और फूलों की रस्सी से, रेशम के तकिए पर
हमें पृथ्वी की गहराइयों में छोड़ देगी।

पैश्त, 1847, जनवरी
अनुवाद : जतिन कौशिक

यूलिआँ सैन्द्रैई
(Photo : Zempléni Múzeum, Szerencs)

सितम्बर के अन्त में

Szeptember végén

अभी तो है घाटी में छायी बहार,
अभी तो चमन में है बाक़ी निखार,
मगर देखो दिखता है सर्दी का आलम,
वो पर्वत की चोटी पे उसका निशान,
युवा दिल में मेरे अभी भी है गर्मी,
अभी भी निकलती है उससे फुहार,
मेरे काले बालों पे आई सफ़ेदी,
कुहासे ने ऐसा किया है प्रहार।

मुरझा गए फूल बिगड़ा है जीवन,
आओ प्रिये, मेरे पहलू में बैठो,
धरा तुमने मुझ पर अभी सर जो अपना,
मिटेगा कल क्या शव पर यह मेरे,
बोलो अगर मैं चला तुमसे पहले,
अश्रु कफ़न से ढकोगी न मुझको,
या फिर नया प्यार कोई तुम्हारा,
मेरा नाम तक भी भुला देगा तुमको।

जो फेंको कभी तुम यह बेवा का पर्दा,
मेरी चमकती शिला पर ही धरना,
आकर मैं रात को दुनिया से अपनी,
उसे लेके जाऊँगा अपने लिए ही,
उस दिल के जख्मों को पोछूँगा उससे,
जिसने हमेशा तुम्हें ही था चाहा,
औ' अब भी, वहाँ भी, जहाँ भी रहूँगा,
प्यार तुम्हीं से मैं करता रहूँगा।

कोल्तो, 1847, सितम्बर
अनुवाद : इन्दु मज़लदान

पतझड़ की उदास बयार पेड़ों से बातें करती है...

Beszél a fákkal a bús őszi szél...

पतझड़ की उदास बयार पेड़ों से बातें करती है,
हौले-हौले बतियाती है, उसे सुना नहीं जा सकता;
पेड़ों से क्या बात कर सकते हैं? उसकी बातों पर
पेड़ चिंतन करते हुए अपना सिर हिलाते हैं।
दोपहर और रात के बीच के समय, मैं अँगड़ाई लेता हूँ
आराम करके सोफ़े पर...
मेरी छाती पर सिर रख सोती है,
मेरी पत्नी शान्ति से चुपचाप।

मेरे एक हाथ में सोती हुई मेरी प्रिय
उसका कोमल धड़कता हृदय,
मेरे दूसरे हाथ में मेरी बाइबल :
स्वतंत्रता संग्राम का इतिहास!
इसका हर एक अक्षर जैसे पुच्छलतारा
उड़ता मेरी आत्मा में...
मेरी छाती पर सिर रख सोती है,
मेरी पत्नी शान्ति से चुपचाप।

धोखा देता है सोना, और भगाता है चाबुक
अत्याचारियों के लिए लड़ने को ग़ुलाम प्रजा को,
और आज़ादी? मुस्कुराती है एक बार
और जो लोग उसमें विश्वास करते हैं, वे जाते हैं रणभूमि में,
वे अपनाते ख़ुशी से ज़ख़्म और मृत्यु को वैसे...
कोई सुन्दर युवती दे रही हो फूल जैसे,

मेरी छाती पर सिर रख सोती है,
मेरी पत्नी शान्ति से चुपचाप।

कितनी मूल्यवान ज़िन्दगियाँ हुई क़ुर्बान तुम्हारे लिए,
ओ पवित्र आज़ादी! और उसका क्या लाभ?
यदि नहीं है लेकिन फिर भी होगी जीत तुम्हारी
युद्ध के अन्त में,
और बदला ले लेगी अपने शहीदों का,
और इसका इन्तकाम भयावह होगा!
मेरी छाती पर सिर रख सोती है,
मेरी पत्नी शान्ति से चुपचाप।

मेरी आँखों के सामने आती है छवि खून की,
आनेवाले समय के चित्र
अपने ही खून से बनी झील में डूबेंगे,
दुश्मन आज़ादी के!
मेरे दिल की धड़कन की गड़गड़ाहट
और दौड़ रही है बिजली मेरे सिर में,
मेरी छाती पर सिर रख सोती है,
मेरी पत्नी शान्ति से चुपचाप।

कोल्तो, 1847, सितम्बर
अनुवाद : हिमानी पाराशर

यूलिआ सैन्द्रैई का लिथोग्राफ़, चित्रकार मिक्लोश बॉरॉबाश, 1810-1898
(Lithograph drawing by Miklós Barabás 1810-1898)
(Photo : Zempléni Múzeum, Szerencs)

तुझे किस नाम से पुकारूँ?
Minek nevezzelek?

तुझे किस नाम पुकारूँ,
गर शाम के धुँधलके में,
तेरी आँखों के चमकते सितारों को,
यों देख रही हो आँखें मेरी,
ज्यों पहली बार देखा हो सितारा,
गर तेरी आँखों से झरता,
प्यार का झरना,
मेरी आत्मा के सागर में,
ही जाकर मिलता,
तो तुझे किस नाम से पुकारूँ!

तुझे किस नाम से पुकारूँ,
गर मुझ पर डली,
मुझ पर टिकी नज़र तेरी,
उस कोमल पक्षी-सी हो नर्म,
जिसका हर पंख हो शान्ति-स्वरूप,
और हर पंख का स्पर्श,
उस सिरहाने-सा कोमल,
जिस पर धरते ही सिर,
पा जाते हों ज्ञान, ज्ञानी,
जो तुझे किस नाम से पुकारूँ!

तुझे किस नाम से पुकारूँ,
तेरे मधुर स्वर,
भ्रमित कर डालें जगत को,
औ' सूखे बेल-पत्र,
झटपट ओढ़ें हरित परिधान,
यह सोच,
कि कोयल रही कूक,
आ गया वसंत औ',
अब तक न पहने नए वस्त्र,
तो तुझे किस नाम से पुकारूँ!

तुझे किस नाम से पुकारूँ,
गर मेरे अधरों तक पहुँचते,
माणिक्य-से चमकते तेरे अधर,
प्रलय की अग्नि से,
उस चुम्बन में भरें उनको,
कि न यह जग रहे
न भोर, न दिन, न रात,
सुध-बुध मैं भूलूँ जगत की,
औ' मोक्ष को कर जाऊँ प्राप्त,
तो तुझे किस नाम से पुकारूँ!

मेरी हर ख़ुशी की जननी,
गर तू हो वो परी कन्या,
जिसका हो नभ तक जादू,
चकाचौंध तेरी चमक की,
हरदम लजाती हो मुझको,
जो ऐसा हो तू इक ख़ज़ाना,

नामुमकिन हो जिसको कि पाना,
मेरा सबसे बड़ा दुस्साहस,
तो तुझे किस नाम से पुकारूँ।

पैश्त, 1848, जनवरी
अनुवाद : इन्दु मज़लदान

मधुगान
Bordal

मेरे एक हाथ में हथियार है मेरा,
और दूसरा भी ख़ाली नहीं है,
दाहिने हाथ में पकड़ी तलवार,
और बाएँ हाथ में जाम।

अब इस समय जो मेरे साथ नहीं है,
उसे मार डालो मेरे ख़ुदा।
पंजों वाले फ़रिश्ते ले जाएँ उन्हें दूर...
मैं देश के लिए पीता हूँ, तुम भी पियो!

आओ दोस्तो, पिएँ अभी के लिए
वाइन बनाती है हमें बहादुर,
करना है यही बस हमें और कुछ भी नहीं,
इसे गटक लें अपने भीतर एक साँस में।

कौन जानता है, कल क्या लाएगा?
उगती सुबह में शायद बजाएँगे ढोल,
उसके बाद बढ़ेंगे युद्ध के लिए
अपने प्यारे हंगेरियन देश के वास्ते!

मातृभूमि के माथे फूलों का ताज,
हमने सजाए आज़ादी से इसे वहाँ,
यह वहीं रहेगा अब अनन्त समय तक,
कभी न इसे कोई तोड़ सकेगा।

सिर्फ़ एक बार हंगेरियन रहे थे ग़ुलाम
न चाहेंगे कभी अब वो रहना ग़ुलाम
अब इनके पैर जम चुके हैं ज़मीन में
कोई भी नहीं उखाड़ पाएगा इनको।

हमारी आज़ादी, तुम्हें जो छेड़ेगा,
इस दुनिया से वो फ़ना हो जाएगा,
उनके दिल से ख़ून और जान निकाली जाएगी,
इस जाम की तरह वो हो जाएँगे ख़ाली!

पैश्त, 1848, मार्च
अनुवाद : इन्दुकान्त आंगिरस

राष्ट्रीय गान के साथ शान्दोर पैतोफ़ी
(Photo : Zempléni Múzeum, Szerencs)

राष्ट्रीय गान
Nemzeti dal

उठ खड़े हो जाओ, हंगरीवासियो!
जन्मभूमि की है पुकार!
वक़्त आ गया है अब
अभी नहीं तो फिर कभी नहीं,
हम ग़ुलाम ही रहेंगे या होंगे हम आज़ाद
यही प्रश्न है, चुन लो अपने जवाब
अपने पवित्र देवता को साक्षी मान
हम शपथ लेते हैं,
हम शपथ लेते हैं कि
हम अब और ग़ुलाम नहीं रहेंगे!

हम अभी तक ग़ुलाम थे,
और अभिशप्त हैं हमारे पूर्वज,
जो आज़ाद हवा में जिए और मरे
लेकिन अब एक ग़ुलाम ज़मीन के तले दफ़न हैं
अपने पवित्र देवता को साक्षी मान
हम शपथ लेते हैं,
हम शपथ लेते हैं कि
हम अब और ग़ुलाम नहीं रहेंगे!

जो मातृभूमि के इस ऋण का कृतज्ञ नहीं,
जिसने अपने इस अभिशप्त दयनीय जीवन को

अपनी मातृभूमि के सम्मान से बड़ा मान लिया,
उसके जीवन की कोई क़ीमत नहीं।
अपने पवित्र देवता को साक्षी मान
हम शपथ लेते हैं,
हम शपथ लेते हैं कि
हम अब और ग़ुलाम नहीं रहेंगे!

तलवार की धार ज़ंजीरों से तेज चमकती है
यह बाजुओं को बेहतर शोभते हैं,
और हम अब भी ज़ंजीरें पहने बैठे हैं!
हे पुरानी तलवार, अब आपकी ज़रूरत आ पड़ी है!
अपने पवित्र देवता को साक्षी मान
हम शपथ लेते हैं,
हम शपथ लेते हैं कि
हम अब और ग़ुलाम नहीं रहेंगे!

हंगरी का सर फिर गर्व से ऊँचा होगा,
इसके पुराने, महान सम्मान के योग्य;
सदियों से लगे इस धब्बे को,
हम अपनी शर्म को धो देंगे!
अपने पवित्र देवता को साक्षी मान,
हम शपथ लेते हैं
हम शपथ लेते हैं कि
हम अब और गुलाम नहीं रहेंगे!

हमारी समाधियों पर,
आनेवाली पीढ़ियाँ प्रार्थना करेंगी,
और अपने सरों को झुका
हमारे पवित्र नामों को दुहराएँगी।
अपने पवित्र देवता को साक्षी मान

हम शपथ लेते हैं,
हम शपथ लेते हैं कि
हम अब और गुलाम नहीं रहेंगे!

पैश्त, 1848, 13 मार्च
अनुवाद : अनुराग कुमार

मेरी जन्मभूमि पर
Szülőföldemen

हाँ यहीं हुआ था जन्म मेरा इसी धरती पर,
इस ख़ूबसूरत ज़मीन के समतल प्रदेश में,
यह शहर मेरा जन्मस्थल है,
जो गूँजता है दाई की लोरियों से,
सुनता हूँ अब भी वही गीत, खोई आवाज़ :
"भौंरा, पीला भौंरा!"

एक छोटे बालक की तरह गया था यहाँ से
और लौटा था एक बाँका जवान बनकर
तब से अब तक गुजर चुके थे बीस साल
बदलते ग़म और ख़ुशियों के साथ
बीस साल...कैसे गुज़र जाता है वक़्त!
"भौंरा, पीला भौंरा!"

कहाँ हो तुम, पुराने खिलाड़ी साथियो?
तुममें से बस एक ही देखना है मुझे!
यहीं मेरे क़रीब ही बैठे हो तुम सभी,
भूल गया था मैं कि अब बन गया था आदमी
कि मेरे कन्धों पर अब पच्चीस साल का बोझ है...
"भौंरा, पीला भौंरा!"

शाखों पर बेचैन चिड़िया की मानिन्द,
एक शाख से दूसरी शाख पर फुदकते मेरे विचार,
बहुत-सी सुन्दर यादों को सँजोते,
जैसे एक मधुमक्खी फूलों से मधु सँजोये;

हर पुरानी प्यारी जगह जाता...
"भौंरा, पीला भौंरा!"

बालक हूँ, बन गया बालक फिर से
लकड़ी का बिगुल
ईख का घोड़ा, तूफानी घोड़ा
माँद की ओर जाए, मेरा घोड़ा पीना चाहे
उसे पानी पिलाया, जियो मेरे घोड़े, जियो मेरे राजा...
"भौंरा, पीला भौंरा!"

फ़िज़ा में गूँजने लगी शाम की घंटियाँ,
थक गया घोड़ा और घुड़सवार भी,
मैं घर जाता हूँ, अपनी दाई की गोद में,
सपने में गूँजती उसकी लोरी
सुनता हूँ मैं और अभी अर्ध स्वप्न में हूँ...
"भौंरा, पीला भौंरा!"

फेलैज्यहाज़ॉ, 1848, जून 6-8
अनुवाद : इन्दुकान्त आंगिरस

राजाओं को फाँसी पर लटकाओ!
Akasszátok fel királyokat!

लम्बैर्ग के सीने में चाक़ू और, लतौर की गर्दन में
फंदा, और बाद में और भी आएँगे शायद,
आख़िर में बुलंद हो जाओगे, अवाम!
सब कुछ बहुत उम्दा और ख़ूबसूरत होगा,
लेकिन अभी इसे अंजाम देना बाक़ी है—
राजाओं को फाँसी पर लटकाओ!

दुनिया के आख़िरी कोने तक काट सकते हो घास,
आज जो खोया है, कल बढ़कर मिलेगा।
नोंच सकते हो पेड़ों की पत्तियाँ,
वक़्त के साथ ये फिर खिल जाएँगी;
उन्हें एक साथ जड़ से तोड़ना चाहिए—
राजाओं को फाँसी पर लटकाओ!

या अभी तक नहीं सीखा है तुमने, ऐ दुनिया,
रुत्बों के हिसाब से राजाओं से नफ़रत करना?
ओह, काश मैं फैला पाता तुम तक
वही अत्यन्त शक्तिशाली नफ़रत,
जिससे फूलता है मेरा सीना समुन्दर-सा—
राजाओं को फाँसी पर लटकाओ!

उनके दिल का हर गोशा नाकाम हुआ है,
अपनी माँ की कोख से लाए हैं पाप,
ग़ारत से भरी शर्मनाक ज़िन्दगी,
उनकी नज़रों से उठती हवा काली,

और धरती बनती बाँझ, जिस में सड़ते हैं वो—
राजाओं को फाँसी पर लटकाओ!

मातृभूमि हज़ारों सम्त बनी है रणभूमि,
कट रही है जिस पर मौत की फ़सल,
इधर एक गाँव, उधर शहर जलता है,
हवा लाखों आहों के साथ दहाड़ती है;
और मौत, लूट, सब राजाओं की वजह से—
राजाओं को फाँसी पर लटकाओ!

व्यर्थ बहाया जाता है, वीरो, तुम्हारा ख़ून,
अगर तोड़ा नहीं तुमने उसका ताज,
तो राक्षस फिर से उठाएगा अपना सिर,
तब, सब कुछ फिर से शुरू करना होगा।
क्या इतने बलिदान व्यर्थ हो जाएँगे?—
राजाओं को फाँसी पर लटकाओ!

सभी के लिए दोस्ती, दया,
सिर्फ़ राजाओं के लिए नहीं, कभी नहीं!
अपनी रबाब और तलवार, फेंकता हूँ अपने हाथों से,
लेकिन फाँसी का फंदा खींचता ही रहूँगा मैं,
गर कोई भी और नहीं हो मेरे साथ—
राजाओं को फाँसी पर लटकाओ!

दैब्रेत्सैन, 1848, दिसम्बर
अनुवाद : इन्दुकान्त आंगिरस

पैतोफ़ी मैज़ोबैरेन्य में 1849; कलाकार शोमॉ ओर्लाई पैत्रिह
(Soma Orlai Petrich, Petőfi in Mezőberény 1849)
(Photo : Petőfi Literary Museum)

युद्धगान

Csatadal

बजती है तुरही, बजता है ढोल
तैयार खड़ी है फ़ौज।
बढ़े चलो!

गोलियों की ठाँय ठाँय, तलवारों की टंकार,
हंगेरियनों का जोश बढ़ा रही है।
बढ़े चलो!

ऊपर झंडे को ऊँचा उठाएँ,
कि सारी दुनिया देख पाए।
बढ़े चलो!

सब देख पाएँ व सब पढ़ पाएँ,
उस पर लिखा पवित्र शब्द : आज़ादी!
बढ़े चलो!

जो हंगेरियन है, वो बहादुर है,
वो दुश्मन से आँख मिलाता है।
बढ़े चलो!

जो हंगेरियन है, वो बहादुर है,
वो और भगवान एकमत हैं।
बढ़े चलो!

ख़ून से सनी है ज़मीं मेरे पैरों तले,
गोली मार दी है मेरे यार को।
बढ़े चलो!

मैं भी उससे कम नहीं रह जाऊँगा,
दौड़ कर मृत्यु को गले लगाऊँगा।
बढ़े चलो!

अगर हमारे दोनों हाथ कट भी जाएँ,
अगर हम सब यहाँ हार भी जाएँ।
बढ़े चलो!

अगर हारना है ज़रूरी, कोई बात नहीं,
हम हारेंगे, देश नहीं,
बढ़े चलो!

दैब्रैत्सैन, 1848, दिसम्बर
अनुवाद : जतिन कौशिक

शान्दोर पैतोफ़ी

प्रमुख ऐतिहासिक एवं निजी घटनाएँ

वर्ष 1804	राजशाही हंगरी ऑस्ट्रियाई हब्स्बुर्ग साम्राज्य का हिस्सा बना
वर्ष 1784	हंगरी में जर्मन भाषा के प्रयोग का राज्यादेश जारी
वर्ष 1790	हंगारी भाषा में सुधार का आन्दोलन शुरू
वर्ष 1802	हंगारी राष्ट्रीय संग्रहालय की स्थापना
वर्ष 1823	*औरोरा* पत्रिका की स्थापना
वर्ष 1822/23	पैतोफ़ी—मूल नाम अलेक्ज़ाँदेर पैत्रोविच—का जन्म (मूल स्लोवाक-सर्ब)
वर्ष 1825	हंगारी विज्ञान अकादेमी की स्थापना
वर्ष 1825	मिहाइ वोरोश्मॉर्ती प्रमुख राष्ट्रीय कवि की *ज़ालान की उड़ान* प्रकाशित
वर्ष 1828	कैच्कैमेत में पैतोफ़ी की शिक्षा शुरू
वर्ष 1830-48	"सुधार युग"
वर्ष 1838	*ऑथेनैउम* पत्रिका आरम्भ
वर्ष 1838	दूनॉ नदी में भीषण बाढ़/पैतोफ़ी परिवार का व्यवसाय दिवालिया हुआ
वर्ष 1839	पैतोफ़ी सेना में भर्ती
वर्ष 1841	पैतोफ़ी पापॉ शहर में पुनः स्कूल में
वर्ष 1842	पैतोफ़ी नाम से *ऑथेनैउम* पत्रिका में पहली रचना छपी
वर्ष 1842	घुमन्तू अभिनेता के रूप में भ्रमण
वर्ष 1844	दैब्रैत्सैन से पैदल पैश्त नगर तक यात्रा—वोरोश्मॉर्ती एवं बॉयज़ॉ से भेंट के लिए
वर्ष 1844	*पैश्ती दिवॉत* पत्रिका में नौकरी
वर्ष 1844	*गाँव का हथौड़ा* छपी
वर्ष 1844-45	*यानोश बहादुर* छपी
वर्ष 1846	*बदलियाँ* छपी

वर्ष 1846	"दस का समाज" गठित
वर्ष 1846	पैतोफ़ी की यूलिआॅ सैन्द्रैई से मुलाक़ात
वर्ष 1847	यानोश आरन्य का महाकाव्य *तोल्दी* प्रकाशित/आरन्य पैतोफ़ी के गहरे दोस्त और हंगरी के राष्ट्रीय कवि थे।
वर्ष 1847 सितम्बर	शान्दोर और यूलिआॅ की शादी
वर्ष 1847 अक्टूबर	पैश्त नगर में निवास शुरू
वर्ष 1848	यूरोप के अनेक देशों में क्रान्तियाँ
15.03.1848	हंगरी के पैश्त नगर में क्रान्ति
23.04.1848	बॉथियान्यी सरकार स्थापित
मई 1848	होनवेद (वतन रक्षक) सेना गठित
जून 1848	पैतोफ़ी संसद सदस्य नहीं चुने गए
ग्रीष्म 1848	कविता "देवदूत" प्रकाशित
सितम्बर 1848	क्रोएशिया के प्रिंस यैल्लॉशिच ने हंगरी पर क़ब्ज़ा किया
मई 1849	दैब्रैत्सैन में कोशुत सैमैरै सरकार गठित
मई 1849	बुदॉ नगर पर पुनः अधिकार
अगस्त 1849	कोशुत से सुलह कर सत्ता में आया गोर्गैई
जुलाई 1849	रणभूमि में पैतोफ़ी की मृत्यु
अगस्त 1849	विलागोश संधि पर गोर्गैई के हस्ताक्षर

अनुवादकों और सम्पादकों का परिचय

* **अनुराग कुमार** बिहार राज्य के बेगूसराय ज़िले से आते हैं। दिल्ली विश्वविद्यालय से रूसी भाषा में परास्नातक करने के बाद उन्होंने एल्ते, बुदॉपैश्त से हंगारी भाषा और अनुवाद में एक साल का डिप्लोमा कोर्स किया। विगत तीन चार सालों से वह अनुवाद के क्षेत्र में काम कर रहे हैं।

* **इन्दुकान्त आंगिरस** कवि, लेखक एवं अनुवादक हैं। साहित्य की लगभग सभी विधाओं में लेखन एवं विविध पत्र-पत्रिकाओं में प्रकाशन। काव्य संग्रह : शहर और जंगल, गजरे; **अनुवाद :** घर का पता (अरबी कविता का अंग्रेज़ी से अनुवाद), हंगेरियन लोक कथाएँ, लिथुआनियाई लोक कथाएँ आदि।

* **इन्दरप्रीत कौर** लगभग बारह वर्षों से मीडिया में सक्रिय हैं। समाचार-पत्र, एडवरटाइजिंग एजेंसी, रेडियो-टेलीविज़न, डिज़िटल मीडिया में काम कर चुकी हैं। फ़िलहाल आकाशवाणी के दिल्ली स्टेशन में अनाउंसर। 2007 में जर्नलिज़्म और मास कम्युनिकेशन में डिप्लोमा किया और उसके बाद 2008 में जर्नलिज़्म ऐंड मास कम्युनिकेशन में मास्टर्स की डिग्री। 2018 में हंगारी भाषा में दिल्ली विश्वविद्यालय से एडवांस्ड डिप्लोमा और बुदॉपैश्त में हंगेरियन भाषा में दस महीने का कोर्स पूरा किया है।

* **जतिन कौशिक** 1992-93 में दिल्ली विश्वविद्यालय में हंगेरियन का अध्ययन शुरू किया, और 1996 में छात्रवृत्ति प्राप्त कर हंगरी में एक वर्ष हंगेरियन भाषा का अध्ययन किया। बाद में पाँच वर्ष हंगेरियन एम्बेसी में काम किया। फिर ओरेकल में लगभग 15 वर्ष। अब अपनी पत्नी वन्दना के साथ एक डिजिटल मार्केटिंग कम्पनी चलाते हैं और भाषा की ट्यूशन भी देते हैं। उन्होंने सिग्मोंद मॉरित्स, ओर्केन्य, इश्तवान-फ़ोगोर्च झूझा, योझेफ़ ऑत्तिलॉ, शान्दोर पैतोफ़ी की कुछ रचनाओं के अनुवाद किए हैं।

* **हिमानी पाराशर** दिल्ली विश्वविद्यालय तथा बलॉशी इंस्टिट्यूट, बुदॉपैश्त से हंगारी भाषा की शिक्षा प्राप्त की है। राजकमल प्रकाशन द्वारा प्रकाशित यानोश आरन्य की पुस्तक कथागीत एवं कविताएँ में अनूदित कविताएँ प्रकाशित हैं। साथ-साथ अनेक पत्र-पत्रिकाओं में स्वतंत्र लेखन।

* **डॉ. स्नेह गुप्ता** अंग्रेजी में महात्मा ज्योतिबा फुले रुहेलखंड विश्वविद्यालय से पी-एचडी की उपाधि प्राप्त की है। साहित्य एवं शिक्षा में विशेष रुचि, हंगारी भाषा साहित्य में भी।

* **इंदु मज़लदान** दिल्ली विश्वविद्यालय में अंग्रेज़ी की प्रोफ़ेसर रही हैं, 1993 से अब तक हंगरी से हिन्दी अनुवाद में 15 से अधिक पुस्तकें प्रकाशित। उनके विशिष्ट अनुवादों में इमरै कैरतेस का नोबेल विजेता उपन्यास 'नियतिहीनता' भी है। उन्होंने कविता, कहानी और उपन्यासों आदि सभी विधाओं में काम किया है।

सम्पादक

* **मारगित कोवैश** 1983 से दिल्ली विश्वविद्यालय में हंगेरियन भाषा की विज़िटिंग लेक्चरर डॉक्टर मारगित साहित्य के तुलनात्मक एवं समाजशास्त्रीय अध्ययन में विशेष रुचि रखती हैं। 2001 में उन्होंने बीसवीं सदी की हंगेरियन कहानियों का संचयन 'अभिनेता की मृत्यु' सम्पादित किया था। 2008 में गिरधर राठी के साथ दस आधुनिक हंगारी कवि तथा 'गेज़ा बबुआ' (नाटक एवं कविता), 'गांधी की मृत्यु' (नाटक) आदि का अनुवाद प्रकाशित। अनेक देशी विदेशी आयोजनों में शिरकत तथा आलेख प्रकाशित।
  ईमेल : mkoves@gmail.com

* **गिरधर राठी** के चार कविता-संग्रह, चार-छह समीक्षात्मक निबन्ध संग्रह, एक यात्रावृत्त, तथा देसी-विदेशी कवियों कथाकारों के हिन्दी या अंग्रेज़ी में अनुवाद प्रकाशित हैं; 'आधुनिक हंगारी कविताएँ' (1983), 'दस आधुनिक हंगारी कवि', 'गेज़ा बबुआ' (2008), 'गांधी की मृत्यु' उनकी प्रमुख कृतियाँ हैं। हिन्दी कहानियों के अंग्रेज़ी अनुवाद की एक पुस्तक 'Hindi Short Stories : Editor's Choice', 2018 में प्रकाशित हुई।
  ईमेल : girdharrathi@gmail.com